W0175316

rowohlts monographien

HERAUSGEGEBEN

VON

KURT KUSENBERG

ANTON WEBERN

IN
SELBSTZEUGNISSEN
UND
BILDDOKUMENTEN

DARGESTELLT
VON
HANSPETER KRELLMANN

ROWOHLT

Dieser Band wurde eigens für «rowohlts monographien» geschrieben
Den Anhang besorgte der Autor
Herausgeber Kurt Kusenberg · Redaktion: Beate Möhring
Schlußredaktion: K. A. Eberle
Umschlagentwurf: Werner Rebhuhn
Vorderseite: Anton Webern (Österreichische Nationalbibliothek, Wien)
Rückseite: Aus dem 4. Lied (Opus 15) in Weberns Schrift
(Wiener Stadtbibliothek)

FÜR ELIZA

Veröffentlicht im Rowohlt Taschenbuch Verlag GmbH,
Reinbek bei Hamburg, Juni 1975
© Rowohlt Taschenbuch Verlag GmbH, Reinbek bei Hamburg, 1975
Alle Rechte an dieser Ausgabe vorbehalten
Gesetzt aus der Linotype-Aldus-Buchschrift
und der Palatino (D. Stempel AG)
Gesamtherstellung Clausen & Bosse, Leck/Schleswig
Printed in Germany
680-ISBN 3 499 50229 1

INHALT

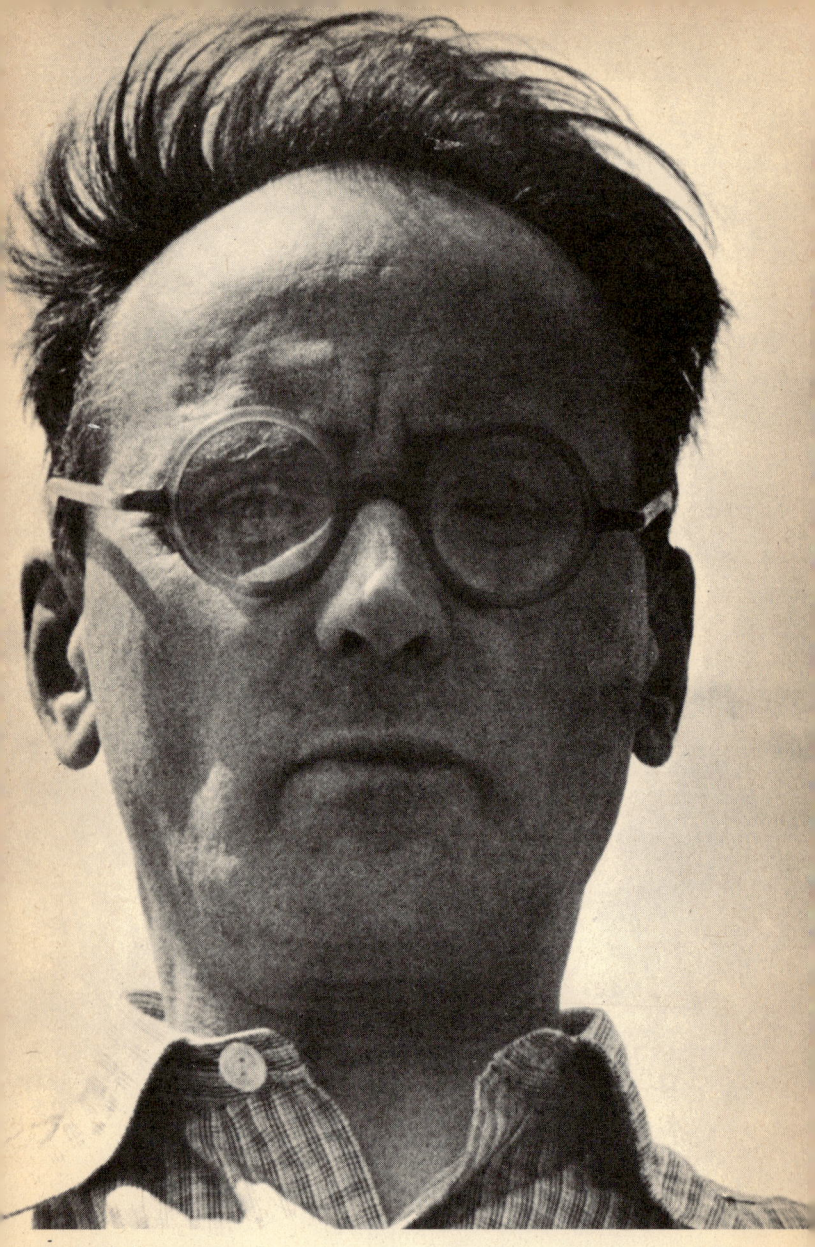

Anton Webern, 1936

EINLEITUNG

Noch nicht dreißig Jahre nach seinem banal-tragischen Tod ist der Komponist Anton Webern im Begriff, wieder vergessen zu werden. Es scheint, als ob er mittlerweile die frühere Position des von ihm verehrten, ja vergötterten Gustav Mahler eingenommen hätte: die Inkarnation des schlechten Gewissens derer zu sein, die seine Musik analysiert und seziert haben, um sie danach im Hochgefühl der inneren Befriedigung wieder fallenzulassen. Dabei besteht diese Musik so unverwelkt und so kompliziert fort wie eh und je. Ihr wohl nur dialektisch zu definierendes Spannungsfeld zwischen Form und Inhalt ist bisher keineswegs exakt bezeichnet, sondern allenfalls spekulativ und entsprechend kontrovers aufgelichtet worden. Weberns Musik scheint sich ihren Betrachtern auf die Dauer versagen zu wollen. Den Hörern gibt sie unvermindert Rätsel auf. Dabei will sie in der Tat etwas bedeuten – Bedeutung durchaus im Sinne des 19. Jahrhunderts, aber ohne programmatischen Hintergrund verstanden.

Ein Widerspruch ist indes, wenn man es recht sieht, schon von der Gestalt Weberns her nachweisbar, soweit hier Nachweise überhaupt geführt werden können. Denn über niemanden aus dem Kreis der zweiten Wiener Schule ist man so sehr auf Vermutungen angewiesen wie bei ihm. Und das, obwohl noch Angehörige, Zeitgenossen und Weggefährten des Komponisten leben und Auskünfte geben. Aber die Webern-Forschung ist, was die Biographie betrifft, bisher kaum aktiv geworden. Andererseits drückt Weberns Musik quasi die Empfehlung aus, ihr und ihrem Urheber nicht nachzuspüren, sondern sich bei ihr dem Hören allein anzuvertrauen.[1*]

Für die vorliegende Monographie konnte nicht geforscht werden. Ihre Grundlagen bilden bekannte und nicht immer stichhaltige Publikationen und Quellen: das Webern-Buch von Friedrich Wildgans, Weberns Briefe an das Ehepaar Humplik-Jone, seine Wiener Vorträge. Der bis heute wohl aus unnötiger Rücksichtnahme auf Lebende nicht veröffentlichte Briefwechsel zwischen Webern und Berg liegt in Abschriften bei der Universal Edition in Wien und konnte dort dankenswerter Weise eingesehen werden; auch durfte der Autor aus ihm zitieren. Er dürfte einmal zu den interessantesten Korrespondenz-Sammlungen unserer Zeit gerechnet werden. Josef Hueber stellte mir seine bislang nicht publizierten Webern-Briefe zur Verfügung. Neben ihm unterstützten durch mündliche oder schriftliche Hinweise diese Arbeit die beiden in Wien lebenden Töchter des Komponisten, Frau Amalie Waller (gest. 3. August 1973) und Frau Maria Halbich, ferner Hans Swarowsky, Erwin Ratz (gest. 12. Dezember 1973), Joseph Trauneck, Ernst Křenek. Frau Waller, Frau Halbich, Hueber und Swarowsky stellten außerdem Bilder und andere Dokumente zur Verfügung. Anderweitige Materialien wurden vor allem von der Musiksammlung der Wiener Stadtbibliothek, der Musikbücherei

---

* Die hochgestellten Ziffern verweisen auf die Anmerkungen S. 131 f.

Düsseldorf und dem Musikverlag Boosey & Hawkes, Bonn, zur Einsicht oder Reproduktion überlassen. Ihnen allen gilt mein Dank.

Das Manuskript wurde im Juli 1974 abgeschlossen.

KINDHEIT, SCHULE UND STUDIUM
(bis 1908)

Anton Webern wurde am 3. Dezember 1883 in Wien geboren. Seine Herkunft kann man als bürgerlich bezeichnen. Der Vater, Carl von Webern (1850–1919), Bergbau-Ingenieur von Beruf, entstammte «einem in Kärnten ansässigen Beamten-Adels-Geschlecht»[2], dessen Name Weber Freiherren von Webern lautete. Weberns Vater ersetzte diesen heute umständlich wirkenden Titel durch das einfache Adelsprädikat «von». Anton Webern hat auch dieses nie benutzt[3], wobei man von Aus-

Der Vater: Carl von Webern

nahmen absehen muß. Wie seine älteste Tochter Amalie Waller mitteilt[4], ist auf dem Webern-Kongreß 1972 in Wien nach Abstimmung beschlossen worden, ihm wieder das Adelsprädikat «von» zuzuerkennen, weil er als Anton von Webern geboren worden sei und als solcher in die Musikgeschichte eingehen solle. Dieser Beschluß, der nach übereinstimmender Auskunft anderer Kongreß-Teilnehmer nicht gefaßt worden ist, würde Weberns erklärtem Willen widersprechen. In Konzertprogrammen wird der Komponist heute unterschiedlich Webern oder von Webern genannt. Gerhard Brunner hat in seinem Bericht über diesen Kongreß der Hoffnung Ausdruck gegeben[5], der nächste Kongreß möge sich darauf einigen können, ob über der geplanten Gesamtausgabe Anton Webern oder Anton von Webern stehen solle. Die gelegentlich vorgeschlagene Idee, Weberns frühe Musik vor seinem offiziellen Opus 1, der *Passacaglia* für großes Orchester, unter «Anton von», die spätere dagegen unter Anton Webern aufzuführen, kann nicht ernst genommen werden.

Anton Weberns musikalische Interessen brachen in der Südtiroler Kleinadels-Dynastie der «Weber Freiherren von Webern» unvorhergesehen durch. Die ausführliche Genealogie seiner Familie [6] wird in dieser Hinsicht deshalb auf keine ergiebige neue Spur stoßen. Soweit die Vorfahren bisher bekannt sind, war kein Musiker unter ihnen. «Eine musisch orientierte Intelligenzkomponente» darin erblicken zu wollen, daß Weberns Tante, die Schwester seines Vaters, die Mutter von Ernst Diez (1878–1963) war, Weberns Vetter und bestem Freund, des späteren Kunsthistorikers und Spezialisten für indische Kunst, hat für des Komponisten Begabung keinerlei Beweiskraft.[7] Während die Weberns aus dem Südtiroler Raum stammten, läßt sich die Familie von Anton Weberns Mutter in Niederösterreich, Böhmen und Bayern nachweisen. Handwerker, Gewerbetreibende und Bauern waren die Vorfahren von Beruf. Allerdings ist auch ein Mediziner unter ihnen, der Leibarzt Kaiser Franz' II. wurde. Einen anderen Ahnen mütterlicherseits, den Schmied Fetzer aus Regensburg, «durch seinen Beruf, der Formgefühl voraussetzte, für wichtig zu halten»[8], scheint im Hinblick auf Anton Webern wiederum übertrieben.

Weberns Mutter war die Fleischhauermeisters-Tochter Amalia Antonia Gehr aus dem steiermärkischen Mürzzuschlag. Webern hat seinen Großvater einmal überschwenglich als einen Weisen bezeichnet.[9] «Es

Die Mutter:
Amalia von Webern
geb. Gehr

war eine gut-bürgerliche, saturierte, wenn auch keineswegs künstlerisch freigeistige Atmosphäre, die das Haus beherrschte, in welchem Webern heranwuchs.»[10] Während der Vater, «ein hochgeachteter und mit Ehrungen überhäufter Beamter des kaiserlichen Österreich»[11], der später auf Grund seiner Verdienste zum Dr. h. c. promoviert wurde, den geistigen Nährboden der Familie bestimmte, sorgte die Mutter bei Anton, ihrem zweiten von drei Kindern und einzigem Sohn, für die erste Unterweisung im Klavierunterricht.

Über eine auffallend musikalische Begabung des Kindes ist nichts bekannt. 1890 zog die Familie für vier Jahre nach Graz, wo Anton die Volksschule absolvierte. 1894 wurde der Vater nach Klagenfurt versetzt, wo sich Anton Weberns beruflicher Werdegang entschied. Hier besuchte er das humanistische Gymnasium und erhielt ab 1895 ersten geregelten Musikunterricht (Klavier- und Cello-Spiel) bei Dr. Edwin Komauer. Eine ebenfalls erfolgte Unterweisung in musiktheoretischen Grundfächern wird nicht sehr grundlegend gewesen sein. Wie intensiv sich Webern inzwischen trotzdem schon aufs Komponieren konzentriert hatte, geht aus seinen frühesten Arbeiten hervor, die sich im Webern-Archiv an der North-Western University in Evanston (USA) befinden und von denen ein Teil veröffentlicht worden ist.[12] Die offenbar erste abgeschlossene Komposition besteht aus zwei Stücken für Cello und Klavier.

Preglhof, 1907

Sie sind datiert «Preglhof, 17. Scheiding, 1899»[13] und verweisen auf
das Refugium des jungen Webern, das Familiengut Preglhof bei Blei-
burg in Kärnten. Dort verbrachte der Gymnasiast seine Sommerferien,
meistens mit seinem Vetter Ernst Diez, «von dem wir wissen, daß er
nicht nur der erste und wichtigste Vertraute Weberns von seiner frühen
Gymnasialzeit an war, er war auch sein Wanderkamerad als genau so
begeisterter und intensiver Naturfreund wie Webern»[14].

Unsere heutigen Kenntnisse über den Schüler, der 1902 in Graz das
Abitur ablegte, und über seine ersten Studienjahre beruhen auf einem
bisher weder veröffentlichten noch zugänglichen Jugendtagebuch und
auf ebenfalls nicht publizierten Briefen an Ernst Diez. Daß Webern in
seinem Tagebuch nicht die beiden Cello-Stücke, sondern erst fünf Lieder
(*Vorfrühling* nach Avenarius, *Wolkennacht*, *Tief und fern* nach Dehmel,
Wehmut nach Avenarius und *Fromm* nach Falke)[15] als sein Opus 1 bezeichnet hat, beweist, wie selbstkritisch er schon seinen ersten kompositorischen Versuchen gegenüberstand, die er später ausdrücklich nicht
für seinen Werkkatalog sanktionierte.

Friedrich Wildgans, Sohn des Dichters Anton Wildgans, Wiener Mu-
sikprofessor und erster Biograph Weberns, datiert diese Tagebuchein-
tragung auf 1901[16]; laut Hans Moldenhauers Nachlaß-Verzeichnis sind
die Lieder vermutlich zwischen 1899 und 1904 entstanden. Wenn Wildgans indes aus einem Brief Weberns an Diez vom 8. Dezember 1901 und
hier aus der speziellen Bemerkung *Nur das mit den Kompositionen
stimmt nicht; ich bring leider nichts zusammen* schließt, daß an dem
«absoluten Wahrheitsgehalt» dieser Formulierung «wohl nicht die leisesten Zweifel erlaubt sind»[17], so ist hier eine Differenzierung nötig.

Hansjörg Pauli hat den Satz als «prononcierte Selbstkritik» interpretiert, auf den Augenblick bezogen und daraus geschlossen: «Webern hat Zeit seines Lebens rücksichtslos verworfen, was seinen Vorstellungen von Qualität nicht zu genügen vermochte.»[18]

Vermutlich ist diese Entwicklungsphase des jungen Webern, um die Jahrhundertwende kurz vor dem Abitur, nicht ohne Schwierigkeiten verlaufen. Edwin Komauer machte seinen Schüler mit den Werken der Klassik und Romantik bekannt, aber auch mit den kompositorischen Ergebnissen der damaligen Moderne, die in der Gestalt Gustav Mahlers insofern zur absoluten Zuspitzung kam, als die Wiener Schule um Arnold Schönberg bei ihm anknüpfte und eifrig für den damals noch Verkannten eintrat. Andererseits existierten für Webern persönliche Probleme wie die Berufswahl. In dieser Beziehung konnte er sich seinem Vater offenbar nicht anvertrauen, sondern mußte sich sogar gegen ihn durchsetzen. «Vater Webern wollte vor allem den Lebensunterhalt – ohne Notwendigkeit harter und demütigender Arbeit – sicherzustellen versuchen.»[19] Anton Webern dagegen dachte an ein Musikstudium. So wandte er sich an seinen Vetter Diez, der einige Jahre älter war als er. In einem Brief vom 22. Juli 1901, also noch vor dem erreichten Abitur, befragte er ihn nach seinen Erfahrungen mit den Musikhochschulen in Berlin und München, was man dort lerne, wer dorthin gehe.

Das rein theoretische, wissenschaftliche Studium der Musik interessiert mich natürlich auch sehr, aber mein Ideal ist doch praktische Betätigung, eben als Dirigent ... aber Vater kommt mit seinen Zweifeln an meinem Talent, daß ich selbst schon zweifle ... Freilich kann ich mich dann nicht um die Wirtschaft am Preglhof kümmern; ich weiß überhaupt nicht, was ich mit dem machen soll ... Vaters Wunsch geht dahin, daß ich Hochschule für Bodenkultur studiere und mich dann am Preglhof setze. Du mein Gott! Und die Kunst?[20]

Zunächst finanzierte Carl von Webern seinem Sohn nach dem bestandenen Abitur eine Bayreuth-Reise (1902), die dieser gemeinsam mit Ernst Diez unternahm. Das verdeutlicht, wie sehr er im Grunde die Interessen seines Sohnes unterstützte. Anton Webern hielt seine Bayreuth-Eindrücke schriftlich fest. In dieser Niederschrift ist laut Wildgans das früheste Dokument künstlerischen Bekennens zu erblicken, «ein flammendes, leidenschaftlich-ekstatisches Bekenntnis zum Geist Richard Wagners und seines ‹Musikdramas›»[21]. Eine besondere Vorliebe für Wagner ist bei Webern später nicht mehr nachweisbar. Jetzt aber schlug sich das Bayreuth-Erlebnis sogar in einer Komposition nieder, der Ballade *Siegfrieds Schwert* nach Ludwig Uhland für Bariton und großes Orchester.[22] Wildgans merkt dazu reichlich spekulativ an: «Infolge der vollständigen Unbekanntheit der verwendeten Melodie und angesichts der Tatsache, daß die Substanz dieser Ballade der Ausdrucksssphäre des jungen Webern so völlig wesensfremd ist, darf man vermuten, daß es sich um keine Originalkomposition Weberns, sondern um einen Versuch der Instrumentation einer seinerzeit vielleicht volkstümlichen Melodie handeln könnte.»[23] Er meint weiter, es müsse sich hier um einen nicht fertig ausgeführten Versuch handeln, dessen Schriftzüge unzweifelhaft die des jungen Webern seien und der mit dem Vermerk «Preglhof, Sommer 1913» versehen ist. Diese Datierung fehlt in Moldenhauers Nachlaß-Katalog. Freilich hielt Webern noch 1911 Wagner zumindest für einen der bedeutendsten Schriftsteller deutscher Sprache. Im Zusammenhang mit Schönbergs Harmonielehre, die für ihn ein außerordentliches geistiges Zeugnis bedeutet (*ein Zeichen des Erstaunens der ganzen Natur muß sichtbar werden*), riskiert er die Behauptung: *Seit Wagner ist in der deutschen Sprache so etwas nicht geschrieben worden. Vielleicht sogar seit Schopenhauer.*[24]

Bei der Berufswahl einigten sich Vater und Sohn endlich auf einen Kompromiß. Anton Webern erklärte sich mit einem Studium der Musikwissenschaft einverstanden, und da Carl von Webern zu diesem Zeitpunkt gerade wieder nach Wien zurückversetzt wurde, ließ sich Anton Webern an der Wiener Universität immatrikulieren, was vom Standpunkt seiner Eltern aus den Vorteil hatte, daß man den Sohn nicht aus den Augen verlor. Weberns Hauptlehrer an der Universität wurde der bedeutende Musikwissenschaftler Guido Adler. Hinzu kamen die Dozenten Richard Wallaschek und Laurenz Müllner – letzterer für Philosophie (sein Name wird von Wildgans, Kolneder u. a. fälschlich mit «Müller» angegeben) – sowie Hermann Graedener für Harmonielehre und Karl Navratil für Kontrapunkt. Außerdem studierte er weiter Klavier bei einer Leschetizki-Schülerin und Cello bei dem Solo-Cellisten des Wiener Konzertvereinsorchesters. «Doch gab Webern sein Cello-Spiel bald ganz auf, auch blieb er sein Leben lang ein herzlich schlechter Klavierspieler, der wohl stets alles vom Blatte las, aber nie mehr übte, um sich technisch zu vervollkommnen.»[25]

Über den Verlauf des Universitätsstudiums berichtete Webern wieder Vetter Diez. Am 5. November 1902 schreibt er ihm: *Meine Aufgabe besteht vorläufig darin, die Mensuralnotation und ein Werk Riemanns über diese alte Musik in meinen Schädel so schnell wie möglich hineinzupropfen. Eine entsetzlich trockene und mühevolle Arbeit. Denn was es da an Regeln gibt, davon hast Du keine Ahnung. – Die Mitglieder des Institutes setzen sich zusammen aus 7 Juden, einer Jüdin, 4 Polen und 4 Deutschen. Als ich das erstemal ins Institut kam, da schauderte mir vor den vielen Schwierigkeiten, ich wollte am liebsten wieder raus, die Juden waren alle so unfreundlich usw. Nun habe ich mich schon hineingewöhnt.*[26] Im übrigen fehlt es an Berichten über Weberns Wiener Studienzeit. Daß er, der als Kind in die österreichische Provinz gekommen war, jetzt in Wien ein fleißiger Opern- und Konzertbesucher wurde, versteht sich von selbst. Seine Kritik an der Quantität des Angebots, beispielsweise in der Saison 1902/03, kommt in einer Tagebuchnotiz zum Ausdruck: *Nun braust sie, die Hochflut der Konzertsaison, mit furchtbarer Gewalt. Zu viel! ... Jedes Konzert mit Menschen vollgepfropft, die nach jeder Nummer klatschen. Ob sie gut oder schlecht ist, kümmert sie nicht ... Durch die Überfülle des Gehörten wird ihre Aufmerksamkeit, ihre Genußfähigkeit immer mehr und mehr verringert ... Eine scharfe, geißelnde Kritik gibt's auch nicht.*[27]

Hatte Webern in Klagenfurt in einem Laienorchester als Cellist mitgewirkt, so trat er jetzt in Wien dem «Akademischen Wagnerverein» bei und wurde aktiver Chorsänger. In Konzerten lernte er dadurch eini-

Webern und Ernst Diez

ge der großen Dirigenten seiner Zeit, nicht zuletzt Gustav Mahler, in ihrer Arbeit kennen. Auch konnte er jetzt schon Erfahrungen sammeln, die ihm später als Chordirigent von Nutzen sein sollten.

Im Juni 1906 promovierte Anton Webern mit einer Arbeit über Heinrich Isaacs «Choralis Constantinus» bei Guido Adler. Daß er nicht die wissenschaftliche Laufbahn einschlagen würde, war schon vorher von ihm beschlossene Sache. Es drängte ihn, womöglich noch stärker als früher, zum Komponieren. Auf welche Weise er sich zu dem Entschluß durchgerungen hat, regulären Kompositionsunterricht zu nehmen, läßt sich nicht rekonstruieren. Man weiß nur, daß er Anfang des Jahres 1904 mit seinem Studienkollegen Heinrich Jalowetz nach Berlin gereist ist, um sich bei Hans Pfitzner um Aufnahme in dessen Klasse zu bewerben. Josef Polnauer, Weberns späterer Freund und Studienkollege bei Schönberg, hat berichtet, warum es zu der geplanten Übersiedlung von Wien nach Berlin, bei der sich Webern auch auf einen neuen musikwissenschaftlichen Mentor hätte einstellen müssen, nicht gekommen ist. «Pfitzner soll nämlich – wie aus zweiter Hand berichtet wird – einige abfällige Bemerkungen über Mahler im Gespräch mit Webern gemacht haben, woraufhin sich der junge Webern umdrehte und unverzüglich nach Wien zurückkehrte. Dort erklärte der dann, bei Pfitzner nicht lernen zu können und zu wollen.»[28]

Nach diesem gescheiterten Versuch ist Webern mit Schönberg in Verbindung gekommen; wie sich das im einzelnen vollzog, beruht auf Ver-

Arnold
Schönberg

mutungen. «Nach verschiedenen Angaben soll Guido Adler an der Wiener Universität aus den Reihen seiner Hörer gerne die begabtesten und bemerkenswertesten zu Schönberg in den Unterricht geschickt haben . . . Denn Schönberg hatte bereits damals in einem wenn auch noch so engen Kreise in Wien einen ausgezeichneten Ruf als origineller und verantwortungsbewußter Pädagoge.»[29]

So dürfte Webern Mitte 1904 zu Schönberg gestoßen sein und ihm seine Lieder – also besagtes Opus 1 und andere – präsentiert haben. Schönberg nahm ihn an. Bei ihm lernte Webern Alban Berg kennen, mit dem ihn eine innige Freundschaft bis zu dessen Tod 1935 verbinden sollte.

«Über die Modalitäten dieses Unterrichts schrieb Webern damals nichts nieder.»[30] Schönberg galt als unkonventioneller, aber strenger Lehrer, der von alten Kompositionspraktiken ausging. Sein Bild als Pädagoge ist alles andere als klar. Hatte er Jüngeren gegenüber tatsächlich eine «mitunter diktatorisch-brutale Art, kraft seiner unzweifelhaft starken, raumbeherrschenden Persönlichkeit? Schönberg hat wohl, zumin-

Alban Berg.
Zeichnung
von Karl Kraus

dest in seiner noch von unverbrauchtem, aggressivem Temperament geladenen Frühzeit, als Pädagoge in einer ähnlich radikalen Weise gewirkt wie die berüchtigten Unteroffiziere in den Armeen Preußens, die bestrebt waren, zunächst die leisesten Regungen der eigenen Persönlichkeit, des persönlichen Selbstbewußtseins der Rekruten so gründlich wie möglich zu zerschlagen und auszurotten, um dann auf den Trümmern der alten Individualität ein psychisches Geschöpf nach einem anderen Plan auferstehen zu lassen.»[31] Das sind harte Worte, die nicht gerade auf ein liebevolles Lehrer-Schüler-Verhältnis schließen lassen. Stuckenschmidt hat ihnen widersprochen, nicht jedoch jener Mitteilung von Wildgans, Schönberg habe in seinen Notzeiten Gefälligkeiten und materielle Hilfen von seinen Adepten erwartet und empfangen.[32]

Tatsächlich waren die Zeiten schwer für einen Komponisten wie Schönberg und sollten es bleiben. Aus dieser Situation heraus muß man auch sein Bestreben deuten, gemeinsam mit seinem Schwager, dem Komponisten und Dirigenten Alexander von Zemlinsky, und mit Mahler als Ehrenvorsitzendem einen «Verein schaffender Tonkünstler» zu gründen. Schönberg äußerte sich damals in einem Rundschreiben und kam zu der deprimierenden Feststellung, deprimierend vor allem für junge nachwachsende Komponisten, zu denen Webern und Berg in allererster Linie gehörten: «Im musikalischen Leben Wiens finden die Werke zeitgenössischer Komponisten, insbesondere der Wiener, nur sehr geringe Berücksichtigung. Neue Werke kommen in Wien in der Regel erst zu Gehör, nachdem sie die Runde durch alle die zahlreichen großen und kleinen musiktreibenden Städte Deutschlands gemacht haben, und werden dann gewöhnlich mit wenig Interesse, ja mit Widerwillen aufgenommen ... Wien sei kein Boden für Novitäten, heißt es, und die Leute, die das behaupten, scheinen auf den ersten Anschein Recht zu haben, wenn man von der Operette absieht, auf deren Gebiet unsere Stadt zweifellos tonangebend ist.»[33] Diese Behauptungen, mit Ausnahme der inzwischen nicht mehr zutreffenden Bedeutung der Wiener Operette, halten viele in Wien noch heute für voll gültig.[34]

Webern hat sich immer rückhaltlos zu Schönberg bekannt, so wie dieser umgekehrt stets für seinen ältesten Schüler, der ihm auch der liebste war, eingetreten ist. Über bestimmte pädagogische Leitlinien seines Lehrers äußerte er sich erst später; sie wirken allerdings mehr umschreibend als analysierend. Beispielsweise bezieht er sich auf Schönbergs Aufsatz «Probleme des Kunstunterrichts» und zitiert aus diesem. *Schönberg lehrt überhaupt keinen Stil; er predigt weder die Verwendung alter noch die neuer Kunstmittel ... Er folgt mit höchster Energie den Spuren der Persönlichkeit des Schülers, sucht sie zu vertiefen, ihr zum Durchbruch zu verhelfen ... Dies ist eine Erziehung zur äußersten Wahrhaftigkeit gegen sich selbst. Sie ergreift neben dem rein Musikalischen auch alle anderen Gebiete des menschlichen Lebens. Ja wirklich, man erfährt bei Schönberg mehr als Kunstregeln. Wessen Herz offen steht, wird hier den Weg des Guten gewiesen.*[35] Freilich gibt Webern auch die Abhängigkeit der Schönberg-Schüler, von denen außer ihm nur noch Berg und Eisler eine weit ausstrahlende Bedeutung beschieden war, von ihrem Lehrer zu: *Wie ist es aber zu erklären, daß jeder seiner Schüler der heute selbständig arbeitet, in einer Weise komponiert, die den Stil seiner Komposition in unmittelbare Nähe von dem der Werke Schönbergs bringt? Dies ist wohl die Hauptursache des im Anfang angegebenen Mißverständnisses von Schönbergs Unterricht. Eine Erklärung dafür aber kann nicht gegeben werden. Mit dieser Frage ist das Geheimnis des künstlerischen Schaffens überhaupt berührt.*[36] Zwölf Jahre später schreibt Webern aus Anlaß von Schönbergs 50. Geburtstag: *Zwanzig Jahre ist es gerade her, daß ich Schüler Arnold Schönbergs geworden bin. Aber wie sehr ich mich bemühe, ich kann den Unterschied zwischen damals und jetzt nicht fassen. Freund und Schüler: immer war der eine der andere.*[37] Das ist ein ebenso nüchtern-persönliches wie emphatisches Bekenntnis, das Gültigkeit hat über alle Differenzen hinweg, die zwischen Schönberg und Webern zeitweise bestanden haben.

Die Meinung, Schönberg habe seine Schüler zwangsläufig in der von ihm inaugurierten Kompositionsart der zwölf nur aufeinander bezogenen Töne, populärer Zwölftonmethode oder Dodekaphonie genannt, unterwiesen, weil diese nun einmal seine Domäne gewesen sei, trifft allein

Alexander
von Zemlinsky

schon aus chronologischen Gründen nicht zu. Schönberg machte von seiner Erfindung erstmals 1922 Josef Rufer in einem Brief Mitteilung. Webern war jedoch nur vier Jahre, von 1904 bis 1908, sein regulärer Schüler. Man darf sich diesen Unterricht deshalb in mehrfacher Hinsicht als konventionell in bestem Sinn vorstellen. Polnauer bestätigt das indirekt mit seinem anekdotenhaft anmutenden Bericht über die Entstehung von Weberns *Klavierquintett in C-Dur* von 1906, das Webern noch 1937 einer Veröffentlichung für wert erachtet habe, zu der er selbst nur nicht mehr gekommen sei, zumal seine Musik ab 1938 in Österreich als entartet gegolten habe. Als Webern das einsätzige Quintett Schönberg eines Tages präsentierte, sei dieser bestürzt gewesen und habe den im selben Haus wohnenden Zemlinsky gerufen, der jedoch auch keinen Rat gewußt hätte. Schönbergs Ausweg aus dem Dilemma lautete, Webern müsse ab jetzt sein Handwerk lernen: «Wenn Sie einmal Ihr Handwerk wirklich beherrschen, können Sie sich später unter Umständen auf Ihr Formgefühl verlassen. Sie werden von jetzt an ganz regelrecht schreiben.»[38] Andererseits sorgte Schönberg dafür, daß das Werk 1907 in einem Wiener Privathaus vor geladenen Gästen aufgeführt wurde.[39]

Und auch die offenbar erste Kritik, die eine Komposition Weberns erhielt, behandelt dieses Quintett, ob auf Grund des Privatkonzertes oder einer anderen, möglicherweise öffentlichen Aufführung, ist nicht mehr festzustellen. Gustav Grube bezieht sich in der November-Nummer der in Leipzig erscheinenden «Neuen Zeitschrift für Musik» jedenfalls auf ein «Schülerkonzert», nach dem er dann eine Abrechnung mit der gesamten Schönberg-Schule, der er nicht ausgesprochen zugetan gewesen sein kann, vornahm: «Die Arnold Schönbergsche Kompositionsschule kann mit vollem Recht auch die ‹hohe Schule der Dissonanzen› benannt werden, da eben auf diesem Gebiete Haarsträubendes, vom ‹Meister› sowohl als auch von den Schülern geleistet wird. – Wenn ich nach kurzen Themen urteilen will, so waren von den acht Schülern zwei, denen ich Talent zusprechen möchte. Es waren dies Alban Berg und Dr. Anton Webern. So wie bei allen Schülern, so machte sich auch bei diesen beiden der verderbliche Einfluß der Schönbergschen Komposition geltend. Das, nicht schlecht erfundene, Hauptthema des Klavier-Quintetts (I. Satz) von Dr. von Webern verlor sich sehr bald in einem wüsten Durcheinander. Hier und da schienen sich die Spieler wie durch einen Zufall zu finden, so daß man erleichtert aufatmete und sich sagte: ‹Na, endlich!› Leider waren derlei ‹Lichtblicke› in diesem Chaos kurz und selten.»[40]

Regelrecht geschriebene Musik, das heißt eine, die klassischen Regeln streng folgte, war in Schönbergs Augen die *Orchester-Passacaglia*, die Webern als sein endgültiges Opus 1 bezifferte und die im November 1908 in Wien uraufgeführt worden ist, ferner der *a-cappella-Chor für vier Stimmen «Entflieht auf leichten Kähnen»* op. 2 nach einem Text Stefan Georges und wahrscheinlich auch die zum Teil wohl früher entstandenen fünf *George-Lieder für eine Singstimme und Klavier* op. 3. Auf jeden Fall hat der Unterricht, den Webern bei Schönberg genoß, auch seiner eigenen pädagogischen Arbeit in späteren Jahren sehr genützt und seinen Blick für die Grundphänomene der Musik geschärft, wie seine Wiener Vorträge[41] und die Stimmen ehemaliger Schüler beweisen.

WANDERJAHRE ALS THEATERKAPELLMEISTER
(bis 1914)

Anton Webern hatte bis zu diesem Zeitpunkt von seinem Vater gelebt (seine Mutter war am 7. September 1906 auf dem Preglhof gestorben). Für die wissenschaftliche Laufbahn hatte er sich nicht entschieden, an ein Auskommen als Komponist aber war nicht zu denken, und über herausragende instrumentale Qualifikationen verfügte er nicht.

Wie er in dieser Situation zum Beruf des Dirigenten kam, ist unklar geblieben. Auf jeden Fall war er bestrebt, sich praktisch zu betätigen, zumal er sich mit seiner Kusine Wilhelmine Mörtl verlobt hatte und eine Existenz aufbauen mußte. So nahm er im Sommer 1908 die Stelle eines zweiten Kapellmeisters beim Kurorchester in Bad Ischl an und wurde gleichzeitig Korrepetitor und Aushilfskapellmeister am dortigen Kurtheater. «Wer Webern dieses Engagement verschafft hatte, ist heute nicht mehr feststellbar. Desgleichen liegt der nicht unwichtige Punkt im

Wilhelmine
Mörtl, 1909

Dunkel, wo und wie sich Webern, der später ein erfolgreicher, angesehener und verantwortungsbewußter Konzertdirigent werden sollte, das erforderliche Rüstzeug zum Dirigieren angeeignet hat. Es ist durchaus möglich und anzunehmen, daß er in dieser Disziplin überhaupt niemals einen geregelten Unterricht genossen hat ... Wahrscheinlich haben die im Unterricht bei Schönberg erlernten musikalischen Allgemeinbildungselemente und die Spezialkenntnisse in der formalen und satztechnischen Analyse allein die Grundlage gebildet ...»[42]

So darf als unwahrscheinlich gelten, daß Webern das Handwerk des Dirigenten, also die reine Schlagtechnik, von Anfang an beherrscht hat. Nicht umsonst beklagte er sich bald bei Ernst Diez über die Arbeit in Bad Ischl in seinem letzten erhaltenen Brief an den Vetter vom 17. Juli 1908: *Ich finde keinen Ausdruck für so ein Theater. Aus der Welt mit solchem Dreck! Welche Wohltat wäre der Menschheit getan, vernichtete man sämtliche Operetten-, Possen- und Volksstücktheater!* [43] Webern hat sich auch später – im Gegensatz zu Alban Berg, der den «Walzertraum» schätzte [44] – nicht für dieses Genre erwärmen können; aber Lortzings «Zar und Zimmermann» war angeblich seine Lieblingsoper. [45]

Die Fron des Kapellmeisterdaseins ist Webern von 1908 an zehn Jahre lang nicht erspart geblieben. Denn eine Fron wurde es für ihn, zumal er offensichtlich nicht bereit gewesen war, die hierarchische Stufenleiter des Kapellmeisterberufs geduldig emporzusteigen, wie sie auch Mahler nicht erspart blieb. Weberns ausgeprägter Sinn für musikalische Qualität und für die spezifische formale und inhaltliche Anlage des jeweiligen Werkes einerseits sowie seine Ungeduld und Rastlosigkeit andererseits haben ihn innerhalb des Theaterbetriebes nicht glücklich werden lassen, wohl aber mit seiner späteren freien Tätigkeit als Konzert- und Chordirigent, wo kein System und kein «verbeamteter» Apparat ihn einengten.

Der Dienst in Bad Ischl ließ sich nicht gut an. Immerhin trug sich Webern mit Kompositionsabsichten, ja sogar mit Opernplänen, und Ernst Diez hatte sich offenbar bereit erklärt, dem Vetter ein Libretto zu schreiben. Zu diesem Zeitpunkt komponierte Webern aber bereits an der Vertonung von Maurice Maeterlincks Schauspiel «Alladine et Palomides». In dem Brief an Diez vom 17. Juli 1908 äußerte er, wie befriedigt Schönberg mit dem Fortgang seiner Arbeit sei. Auf das Libretto von Diez wollte er eine zweite Oper schreiben: *Ich stelle aber folgende Bedingungen: kein Aufzug, kein Kampf, alles weg, was nur irgendwie der «Illustration» bedarf. Nichts als ein paar Menschen brauche ich. Nur kein Theaterstück ... Nur weg von dem, was jetzt Theater heißt! Das Entgegengesetzte!* [46] Webern wird dem Genre Oper nicht generell abgeneigt gewesen sein. Aber seine eigenen, nie ausgeführten Bemühungen auf diesem Gebiet waren wohl nur Nachwehen einer jugendlichen Wagner-Begeisterung. Denn ein Komponist, der bereits im Laufe der nächsten anderthalb Jahre Klangstenogramme von nie dagewesener Kürze vorlegen sollte, kann kein genuines Verhältnis zur Oper gehabt haben.

So ist es auch nicht verwunderlich, daß Webern nach Abschluß der Kursaison in Bad Ischl, mit der sein Vertrag auslief, eine neue Bindung vorerst nicht anstrebte. Er blieb bis 1910 in Wien, verdiente vielleicht mit Korrepetition etwas dazu und wird im übrigen wieder vom Geld seines Vaters gelebt haben. In kompositorischer Hinsicht brach dagegen eine seiner wichtigsten Perioden an, die zeigt, daß er nun kreativ-selbständig wurde und kaum noch in direkter stilistischer Abhängigkeit von seinem Lehrer Schönberg gesehen werden kann. Ein Versuch Schönbergs, Webern dem Wiener Musikverlag Universal Edition als Komponist zu empfehlen, schlug allerdings fehl. [47] Webern arbeitete unangefochten weiter, er vollendete die *George-Lieder* op. 3, bzw. er brachte sie in ihre endgültige Gestalt und fügte ihnen einen zweiten Zyklus von Klavier-Liedern auf Texte desselben Dichters unter der Opuszahl 4 an. Die Zyklen bestanden ursprünglich aus insgesamt vierzehn Liedern, von denen Webern vier für die Publikation wieder ausschied. [48] Beide

Opusnummern bilden inhaltlich einen engen Zusammenhang.

Neuland beschritt Webern mit seinem Opus 5, den *Fünf Sätzen für Streichquartett* von 1909 (von ihm selbst in den Korrespondenzen als Quartett bezeichnet), die im Frühjahr 1910 in Wien durch das Rosé-Quartett uraufgeführt wurden. Der bedeutende Musikkritiker Paul Stefan, der dem Schönberg-Kreis nahestand, schrieb aus diesem Anlaß: «Auch hier scheinbar vollkommene Fessellosigkeit. Die Sätze nur flüchtige Bilder von wenigen Takten; aber nicht ein Ton zuviel, von allem nur die letzte Frucht, das innerste Wissen, die kleinste Bewegung.»[49] 1910 entstanden Weberns *Orchesterstücke* op. 6 und die *Vier Stücke für Geige und Klavier* op. 7. Schönberg arbeitete in dieser Zeit an seinen Klavierstücken op. 11, den Orchesterstücken op. 16 und an dem Monodram «Erwartung» op. 17 – Kompositionen, die der strikten Sprachverknappung in Richtung auf einen klingenden Aphorismus bei Webern entgegenstehen. Was beide in dieser Zeit dennoch einte – und das sollte über Zeiten weitergehen, abgesehen von Schönbergs später Rückkehr zur Tonalität, die Webern nicht mehr erlebt hat und von sich aus auch wohl kaum mitvollzogen hätte –, das ist, über den jeweils individuellen Expressionismus hinaus, die Loslösung von der Funktionsharmonik und der Weg in die freie Atonalität. Schönberg hat «seinen ihm blind ergebenen Schüler Webern ... weitgehend beeinflußt und geformt, ihn gewissermaßen ‹mitgenommen› auf seine damals noch stark experimentellen Ausflüge ...»[50] Was nicht in Abrede stellt, daß Weberns musikalischer Ausdruck und Stil, den er jetzt inaugurierte, absolut singulär war. Schönberg hat ihn bei·ihm offenbar toleriert, bei Alban Berg dagegen, nach dessen Klarinettenstücken op. 5 und den Altenberg-Liedern op. 4, geradezu bekämpft, um diesen so anders als Webern gearteten Schüler in neue Bahnen zu lenken. Daß ihm das gelang, beweisen Bergs Orchesterstücke op. 6.

In welchem Maße Anton Webern als Komponist in seiner Aktivität blockiert war, wenn er dem reinen Broterwerb als Dirigent nachzugehen hatte, zeigen die Jahre bis 1918. 1910 nahm er eine zeitlich befristete Stellung als untergeordneter Kapellmeister am Stadttheater in Teplitz an. Am 25. Mai schreibt er an Berg: *Mir geht's ganz gut hier. Ich habe «Die geschiedene Frau» dirigiert, und in der nächsten Zeit dirigiere ich drei weitere Operetten.*[51] Die Vorstellung, daß der Komponist eines Werkes wie der *Orchesterstücke* op. 6, die heute sogar in Abonnements-Konzerten ihren Beifall finden, Leo Fall und Konsorten dirigieren muße, erweckt in der Tat Gefühle des Mitleids, ja des mitfühlenden Zorns. Webern adäquat eigenwillige Komponisten heutzutage haben häufig merklich bessere Chancen.

In der Wintersaison 1910/11 wurde Webern Hilfskapellmeister in Danzig, vielleicht auf Empfehlung seines ehemaligen Studienkollegen Heinrich Jalowetz, der es in Danzig bereits zum ersten Kapellmeister gebracht hatte. Hier packte Webern sofort wieder die alte Verzweiflung aus den Tagen in Bad Ischl, und er wurde nicht müde, sie Berg beredt mitzuteilen. *Ich dirigiere Operetten*, schreibt er am 13. Oktober 1910; *der Direktor aber hat mir für die zweite Hälfte November den «Waffenschmied» versprochen.* Und weiter: *Ich bin oft gänzlich verzweifelt*

Paul Stefan

hier, gänzlich! – Sehr unangenehm ist es, daß man hier nichts Anständiges zu essen bekommt (außer für viel Geld) ... Die Bevölkerung zuwider im höchsten Grad. Ans Meer komme ich selten. Das ist freilich wunderschön ...[52] Webern fühlte sich in dieser Situation spürbar und verständlicherweise hin- und hergerissen. Bezeichnet er das Dirigieren einmal als faulen Zauber und konstatiert er, daß alles Dreck beim Theater sei, so kommt er doch wieder zu dem Schluß: *Das ekelt an, aber andererseits steigert es den Willen, höher zu kommen, auszuputzen, falls man einmal Gelegenheit dazu bekommt*[53]; gleich danach schwächt er wieder ab: *Aber ich bin nur wieder verwirrt – vom Ehrgeiz beeinflußt – Ehrgeiz, eben dieses irdische Streben muß ich lassen. Stehe ich aber auf diesem Standpunkt, dann muß ich das Theater lassen und ich habe ganz andere Gründe.*[54] In diese Danziger Zeit fällt auch eine erste Verstimmung zwischen Schönberg und Webern. Schönberg wirft seinem Schüler ein an ihm begangenes Unrecht vor, und Webern fragt ratlos bei Alban Berg an, was damit gemeint sein könne.[55]

Am 22. Februar 1911 heiratete Webern in Danzig seine Kusine Wilhelmine Mörtl. Im April wurde ihr erstes Kind, die Tochter Amalia (sie

24

nannte sich später Amalie) in Berlin geboren. Ebenfalls im April fuhr Webern nach Wien, um an einem Konzert der Schönberg-Schule teilzunehmen. Welche seiner eigenen Kompositionen hier aufgeführt worden sind, ist nicht dokumentiert worden. Danach ging er nicht mehr nach Danzig zurück. Wahrscheinlich wurde er vertragsbrüchig, wovor er auch später nicht zurückschreckte, wenn es darum ging, den verhaßten Sklavendienst abzuschütteln. Aber auch Wien gefiel ihm, vermutlich wieder unter dem Einfluß Schönbergs, nicht. *Hier ist es schrecklich. Es ist ein Verbrechen, solche Luft zu atmen. Es ist des Menschen vollständig unwürdig, so zu existieren.*[56]

Versuche, jetzt in Berlin eine Anstellung zu erhalten, scheiterten. So zog er sich zunächst nach Kärnten zurück und «freute sich nach dem in qualvoller und pflichtgebundener Ferne verbrachten Danziger Jahre des ‹illegalen› Aufenthaltes in der gewohnten Heimat»[57]. Webern blickte auf die Danziger Zeit verbittert zurück. Auch die Tatsache, daß es hier, vermutlich Anfang 1911, zu einer möglicherweise von ihm selbst dirigierten Aufführung seiner *Passacaglia* op. 1 im dritten Symphoniekonzert gekommen ist, versöhnt ihn nicht. An Berg berichtet er: *Natürlich die Streicher haben es nicht zustand gebracht, wohl aber die Bläser.*[58]

Von Danzig aus war Webern auch zur Uraufführung von Mahlers 8. Symphonie am 12. September 1910 nach München gefahren, an der neben ihm, der damals noch eine unbeachtete Person war, das Ehepaar Thomas Mann, Willem Mengelberg, Alfredo Casella, Siegfried Wagner, Leopold Stokowski, Max Reinhardt, Berg, Schönberg, Oscar Fried und Otto Klemperer – dieser an der Generalprobe – teilgenommen haben.[59]

Inzwischen liefen Verhandlungen wegen einer Dirigenten-Position am Deutschen Theater in Prag, wo Schönbergs Schwager Zemlinsky inzwischen Opernchef war und sich für Webern verwendete. Aber vorläufig zerschlug sich dies, so daß Webern darauf angewiesen war, bei seinem Schwiegervater, dem Wiener Notar Gustav Mörtl, mit seiner Familie unterzuschlüpfen.

In dieser Situation brachte Schönbergs Plan, nach Berlin zu übersiedeln, dort eine Kompositionsklasse am Sternschen Konservatorium zu übernehmen und zusätzlich Privatschüler zu unterrichten, eine Wende auch für Webern. Zunächst bemühte er sich gemeinsam mit Alban Berg, für den vergötterten Lehrer Mäzene aufzutreiben (die Webern selbst nötig gehabt hätte), um Schönbergs Lebensunterhalt abzusichern. Webern schreibt am 8. September 1911 an Berg: *Nun, lieber wäre es mir schon, es ginge ihm hier so gut, daß das alles nicht nötig wäre. Aber jedenfalls, wenn seine Existenz draußen viel besser ist als hier, müßte er weg.*[60]

Schönberg ging nach Berlin, und Webern folgte ihm für ein Jahr. *Ich bin überglücklich, endlich wieder bei Schönberg zu sein*[61], schrieb er am 10. Oktober 1911 an Berg. Gleichzeitig bat er ihn, die Bedingungen in Erfahrung zu bringen, mit denen man einen Staatspreis von 1000 Kronen erwerben konnte, um den er sich dann wohl doch nicht beworben hat, da in den betreffenden Akten zwischen 1911 und 1913 Weberns Name fehlt.[62] Typisch für Webern war, daß während seines einjährigen Berliner Aufenthalts Schönbergs Angelegenheiten sein Leben bestimmten, während er sein eigenes Fortkommen überhaupt nicht betrieb. So ist auch ungewiß, wovon Webern mit seiner Familie damals in Berlin gelebt hat, selbst wenn nach Auskunft von Amalie Waller finanzielle Mittel von seiten ihrer Mutter und von Weberns Vater bis 1918 vorhanden waren. Webern kümmerte sich um anderes, zum Beispiel um die Münchener Mahler-Feier am 19. und 20. November 1911 mit der Uraufführung des «Liedes von der Erde» unter Bruno Walter, auf den Tag ein halbes Jahr nach des Komponisten Tod. Am 30. Oktober 1911 schrieb er an Berg: *Zum ersten Mal nach Mahlers Tod ein neues Werk von ihm. Und wir sollen fehlen? ... Materiell ist es uns möglich, nicht wahr? Ich meine, es fällt mir nicht leicht, aber es ist möglich ... Zeit haben wir auch ... Vielleicht kann Deine Frau nicht mit und Du wolltest sie nicht allein lassen; ich lasse Frau und Kind allein hier. Hältst Du mich deshalb für einen schlechten Menschen? ... Und jetzt die Dinge, die mich in höchste Aufregung versetzen, so daß ich es kaum erwarten kann, in München zu sein. Wenn Du in dem beiliegenden Blatt den Schluß der Dichtung vom «Lied von der Erde» gelesen hast, mein Lieber, erwartest Du dann nicht von der Musik das Wunderbarste, das es gibt; etwas so Herrliches, wie es nie existiert hat? ... Um Himmels Willen, welche Musik muß das sein?! Ich bilde mir ein, ich muß schon jetzt daraufkommen bevor ich sie noch hörte ... Auch wird die «Zweite» aufgeführt. Die ich gern wieder hören möchte. Zuletzt hörte ich sie unter Mahler in Wien 1907.*[63]

Weberns Verhältnis zu Gustav Mahler war anfangs keineswegs so enthusiastisch, wie es später werden sollte und ab 1910 endgültig wurde. 1902, am 20. Februar, hatte er an Vetter Ernst Diez geschrieben und sich hierbei wahrscheinlich auf die 2. Symphonie bezogen: *Die Themen Straussens sind viel großartiger, genialer, kräftiger. Mahlers Musik macht förmlich einen kindlichen Eindruck ... Damisch neugierig bin ich auf seine vierte Sinfonie.*[64] Ebenfalls 1902 (im Januar) notierte er in seinem Tagebuch, er habe Mahlers 2. Symphonie vom Durchspielen auf dem Klavier kennengelernt und sei verblüfft. *Dann wurde ich allmählich nüchtern und erkannte, daß es zwar manche Schönheiten besitzt, namentlich im ersten Satz, daß aber im allgemeinen vieles gesucht und bizarr ist.*[65] 1905 hörte Webern dann einen Mahler-Liederabend. In einer Tagebuchnotiz vom 4. Februar schreibt er zu den Wunderhorn-Liedern, sie seien *wunderbar. Die Melodik volkstümlich, das zwischen den Zeilen Schwebende genial erfaßt und überzeugend zum Ausdruck gebracht.* In den Rückert-Liedern fand er dagegen manches sentimental, und diese Sentimentalität erklärte er sich damit, daß Mahlers Kompositionen unmittelbare Gefühlsergüsse seien. Nach dem Konzert traf er in einer Gesellschaft mit Gustav Mahler zusammen. Im Verlauf eines Gesprächs über Kontrapunkt soll Mahler, laut Weberns Tagebuchnotiz vom 4. Februar 1905, gesagt haben: «Muster in dieser Sache ist uns die Natur. Wie sich in ihr aus der Urzelle das Ganze entwickelt hat – über Pflanzen, Tiere und Menschen bis zu Gott, dem höchsten Wesen –, so sollte sich in der Musik auch aus einem einzigen Motiv ein größeres Tongebilde entwickeln, aus einem einzigen Motiv, in dem der Keim zu allem, was einst wird, enthalten ist.»[66] Eine solche Einstellung kam der Weberns, zumindest des späten Webern, sehr entgegen. Daß er Richard

Wilhelmine und Anton Webern

Strauss zunächst höher einschätzte, schlug sich auch in seiner eigenen Arbeit nieder. Möglicherweise war seine Aversion gegen Mahler nichts weiter als eine jugendbedingte Opposition, die sich auch noch in einer anekdotenhaften Mitteilung aus dem Jahre 1907 ausdrückt. Danach hat Webern bei einem Zusammensein des Schönberg-Kreises mit Mahler auf dessen Frage, wie es die Anwesenden mit Dostojevskij hielten, geantwortet: *Herr Direktor, wir haben aber jetzt den Strindberg.*[67]

1910/11 war die Begeisterung des Schönberg-Zirkels für Gustav Mahler auch die Anton Weberns geworden – 1911 spricht er von ihm als von einem *Heiligen*[68]. Auch die Pilgerfahrt nach München 1911 zur Uraufführung des «Liedes von der Erde» unter Bruno Walter zeigt eine neue Einstellung.

In Berlin arbeitete Webern intensiv an einer Publikation zu Ehren Schönbergs, die 1912 bei Piper in München erschien und die er aus Aufsätzen vieler Schönberg-Schüler gemeinsam mit Berg zusammengestellt hatte, so daß jede Tätigkeit am eigenen Schaffen zurücktrat. Nur die beiden *Rilke-Gesänge* op. 8 stellte er 1912 fertig. Sie sollten laut Moldenhauer[69] einem anderen Plan Weberns zufolge mit den drei Orchesterlie-

dern *Leise Düfte, Kunfttag III* und *O sanftes Glühn* als «Fünf Orchester-Lieder op. 8» veröffentlicht werden. Das hätte jedoch zu einem späteren Zeitpunkt geschehen müssen, da diese drei Lieder erst 1913/14, im Zusammenhang mit den Orchesterstücken op. 10, komponiert worden sind.

Im Februar 1912 verließ Webern Berlin und begleitete Schönberg, der Berlin einmal als «Unkunststadt» bezeichnet hatte [70], nach Prag zu einer Aufführung von dessen «Pelleas und Melisande». Am 5. März bot ihm Schönberg das Du an [71], und Ende des Monats waren beide wieder in Prag, wo Schönberg einen Vortrag über Mahler hielt. Beide Besuche haben bei Webern wohl auch dazu gedient, neue Verbindungen zum Deutschen Theater zu knüpfen. Ende des Monats kam Weberns Vater auf Besuch nach Berlin. [72] Sicher hat er den Sohn, der mit dem Theater in Stettin in Verhandlungen eingetreten war, in diesen Plänen bestärkt.

Denn Anton Webern mußte wieder an geregelte Einkünfte denken. Deshalb willigte er in einen Vertrag ab 1. Juli ein. Schon im Frühjahr mietete er in Stettin eine Wohnung, die für seine Verhältnisse zu teuer war. Webern entschuldigte sich: *Das will und muß ich haben. Mir ist es schrecklich, den Sommer zu verlieren (ab Juli in Stettin). Aber was soll ich machen. Ich will als Dirigent weiterkommen. Einmal, in nicht zu ferner Zeit, muß ich Mahler aufführen und Beethoven und Schönberg. Das muß sein. Ich darf diese Fähigkeiten in mir nicht vernachlässigen.*[73] Nach kurzen Besuchen bei seinem Vater in Klagenfurt und in Wien trifft Webern am 21. Juni in Stettin ein, um als erstes einen Urlaub zu beantragen. Er wollte zurück nach Wien, um dort an einem Konzert des Schönberg-Kreises teilzunehmen, in dem seine *Violinstücke* op. 7 von Arnold Rosé uraufgeführt worden sind. In diesem Jahr wurde auch zum erstenmal eine Komposition Weberns gedruckt, nämlich im «Blauen Reiter» das fünfte Lied aus Opus 4. Außerdem veröffentlichte der Akademische Verband für Literatur und Musik, Wien, in seiner Zeitschrift «Der Ruf» sein erstes der *Vier Violinstücke* op. 7 und 1913 in einer weiteren Nummer die vierte *Bagatelle* op. 9.

Begann der Stettiner Aufenthalt also gleich mit einem Fluchtversuch, der auf keine neue Einstellung Weberns zum Dirigentenberuf unter Theaterbedingungen schließen läßt, so schreibt er bereits wenige Tage nach seiner Rückkunft aus Wien, am 4. Juli 1912, einen Klagebrief von nicht erwartetem Ausmaß an Berg. Die härtesten und übertrieben klingenden Passagen lauten: *Ich befinde mich unter einem Auswurf von Menschen, beschäftige mich mit albernster Musik; ich ersticke ... denn ich bin schwer krank. Meine Nerven quälen mich furchtbar. Jetzt schlägt sich alles auf die Füße ... Ich weiß nicht, wie ich das aushalten werde ... Ich möchte weg, nur weg. Ins Gebirge. Dort ist alles klar, das Wasser, die Luft, die Erde. Hier ist alles trüb. – Ich bin vergiftet, wenn ich das Wasser trinke.*[74] Am 19. Juli 1912 schreibt er: *Ich kann die Erlösung aus diesem Sumpf kaum erwarten.*[75] In sein Lamento eingeschlossen sind Zukunftspläne: er will zurück nach Wien, von einem kleinen Einkommen leben, Klavierauszüge herstellen. Daneben aber bleibt sein gesunder Ehrgeiz. Wieder heißt es an Berg: *Aber allerdings, ich möchte Mahler und Schönberg dirigieren.*[76] Webern dirigierte in Stettin statt dessen Operetten, was ihn quälte, was dem Dirigier-Autodidakten, wie Wildgans bemerkt[77], jedoch einen nicht zu unterschätzenden Erfahrungszuwachs auf handwerklichem Gebiet eingebracht hat. Webern selbst wußte das auch richtig einzuschätzen. Aber er hielt dennoch wieder nicht durch, zumal Querelen hinzukamen, die ihn absorbierten, weil er sie nicht ignorierte. Im August kam Schönberg für zwei Tage nach Stettin und hörte seinen Schüler als Dirigenten der «Dollarprinzessin».[78] Am 19. Oktober, also knapp vier Monate nach Antritt der Stellung, schrieb er dann an Berg: *Ich war gerade nach Hause gekommen vom Theater, in tiefstem Ekel. Ein Operettenregisseur hatte mich angeschnauzt wie einen Hund. Weil ich ein paar Minuten zu spät kam auf die Probe ... Ich bin doch kein Hund!* Und dann folgt sein Patentrezept: *Morgen gehe ich zum Arzt. Ich lasse mich beurlauben, und dann weg – weg!*[79]

Webern mit seiner Frau und der Tochter Amalia,
Stettin 1912

Der Plan gelang. Im Januar 1913 verließ Anton Webern Stettin und ging nach kurzer Zwischenstation in Wien in ein Sanatorium nach Semmering. Seine kleine Familie blieb in Stettin zurück, und Weberns zweites Kind, die Tochter Maria, kam dort am 17. Februar zur Welt. Weberns Gesundheit schien in der Tat beeinträchtigt, obwohl man hier wohl vieles psychisch interpretieren muß. Nach einer Nachkur im istrischen Portorose reiste er Ende April nach Klagenfurt und Anfang Juni nach Mürzzuschlag, ohne deshalb zufriedener zu werden.[80] Danach lebte er wieder bei seinem Schwiegervater in Wien und wird von hier aus die Lösung des Stettiner Vertrags betrieben haben, was ihm auf Grund seiner gesundheitlichen Verfassung nicht schwergefallen sein kann. Die Theaterleute in Stettin werden ihm nicht nachgetrauert haben.

Dennoch führte er erneut ernsthafte Verhandlungen mit Prag wegen einer Dirigenten-Position, wenngleich er sie in Wirklichkeit wohl nicht erstrebte. Da kam ihm Zemlinsky zur Hilfe, der ihm riet, zunächst für ein Jahr zu pausieren und sich auszukurieren. Subjektiv gesehen war

Webern

das auch durchaus nötig, obwohl kein organisches Leiden vorzuliegen schien. Weberns enervierter und desolater Zustand, überwiegend, ja vielleicht ausschließlich neurotisch bedingt, veranlaßte ihn, einen Psychoanalytiker aufzusuchen. Nach seiner Rückkehr aus Prag, wo er sich zu einem kurzen Kontakt mit Zemlinsky aufgehalten haben wird, berichtet er an Alban Berg von der Untersuchung. Sie befriedigte Webern nicht, da der Arzt zu genau die psychischen Hintergründe bei ihm erfaßt hatte: seine Zustände seien selbsterzeugt, die Krankheit habe er sich selbst erschaffen, und sie stelle einen Ausweg dar, um den *Büffen des Lebens* zu entgehen. Webern mußte erkennen, daß seine psychischen Bedrängnisse in Richtung auf Hypochondrien interpretiert wurden. So akzeptierte er die Diagnose nur zum Teil und kritisierte die Art, nach der der Arzt vorgegangen war, als *Schablone* [81]. Allerdings sind auch fortwährende körperliche Labilitäten bei Webern nicht auszuschließen. So berichtete Berg seiner Frau Helene am 27. Januar 1914 von Prag aus, wohin er zu einer Aufführung gereist war und wo ihn Schönberg, Webern, Erwin Stein, Zemlinsky und andere vom Bahnhof abholten: «Webern ist sehr krank, die Tage vorher furchtbares Fieber, so daß er heimfahren wollte. Und jetzt Angina. Er kann sich kaum schleppen.» [82]

In Wien, in einer neu gemieteten Wohnung in Alt-Hietzing, kam Webern langsam zur Ruhe, was sich sogleich in neuer kompositorischer Produktivität, die in Stettin brachgelegen hatte, niederschlug. Die *Bagatellen op. 9 für Streichquartett, die Orchesterstücke* op. 10 – die, wie Moldenhauer nachgewiesen hat, eine Endgruppierung mehrerer gleichartiger Kompositionen, aber auch einiger Orchesterlieder darstellen [83] – sowie die drei *Stücke für Cello und Klavier* op. 11 wurden komponiert oder vollendet. Von Oktober 1913 datiert auch das auf sechs Bilder angelegte, unvollendet gebliebene Bühnenspiel *Tot* im Gedenken an einen verstorbenen Neffen.

Im März 1913 hatte im Wiener Musikvereinssaal jenes wegen seines Skandals berühmt gewordene, von Schönberg dirigierte Konzert stattgefunden, in dem die Aufführung von Weberns *Orchesterstücken* op. 6 offen verlacht worden war und wo Webern im Laufe des späteren Tumults geschrien hatte, man solle die ganze Bagage hinausschmeißen.

KRIEG UND ÜBERSIEDLUNG NACH MÖDLING
(bis 1922)

Als 1914 der Krieg ausbrach, war Webern zunächst weder unter den Freiwilligen noch unter den Wehrpflichtigen der ersten Stunde, wenngleich es ihn kaum noch zu Hause hielt. *Ich muß in den Krieg. Ich muß. Ich halte es nicht mehr aus. Wenn eine nächste Einberufung mich wieder nicht trifft, melde ich mich freiwillig. Ich habe es fest beschlossen.* [84] Dieser Enthusiasmus Weberns korrigiert das landläufige Bild des potentiellen Kriegsgegners und Pazifisten nur scheinbar. Denn Weberns hier zum Ausdruck kommende Begeisterung geht auf das Konto jener

*Webern und
Schönberg*

allgemeinen Verblendung, mit der man sich in Deutschland 1914 in den
Ersten Weltkrieg stürzte. Einen Tag später heißt es in einem neuen Brief
an Berg fast kopflos: *Ich will und muß in den Krieg. Es ist nicht auszu-
halten. Diese Riesenschlacht. Herrgott, daß wir nur siegen.*[85] Und am
6. September steht fest, daß er sich gemeinsam mit Stein freiwillig mel-
den wird, ein Entschluß, den er auf Grund der Vorhaltungen seiner
Frau, seines Vaters und anderer Verwandten revidierte.

Aber 1915, im Geburtsjahr seines einzigen Sohnes Peter, der Opfer
des Zweiten Weltkriegs werden sollte, wird er dann als Einjährig-Freiwilliger eingezogen. Am 13. Mai schreibt er an Berg begeistert über die
Niederlage der Russen in Westgalizien, macht aber im übrigen aus seiner Friedenssehnsucht keinen Hehl. Er steigt auf zum Kadett-Aspiran-
ten, also zum Offiziersanwärter, und bildet Rekruten aus, wie er stolz
berichtet. Ab Dezember 1915 kommt es für ein Jahr zu einer Verstimmung zwischen den beiden Freunden. Erst ab Oktober 1916 korrespon-
dierten sie wieder miteinander, wenn auch zunächst, besonders von
Bergs Seite, merklich zurückhaltend, was Webern mehrmals zu dem
Versuch veranlaßte, offenbar unausgesprochen gebliebene Konfliktre-
ste endgültig zu beseitigen. Ob der Anlaß für das Zerwürfnis eventuell

Ehepaar Webern mit den Töchtern Amalia und Maria

*Weberns
Wohnung
in Mödling*

in Weberns reichlich naiver Militärbegeisterung zu suchen ist, kann vermutet, nicht jedoch bewiesen werden. An eine kompositorische Betätigung Weberns war während seiner Soldatenzeit natürlich nicht zu denken. Allerdings soll er einen musikalisch gebildeten Vorgesetzten gehabt haben, mit dem er sogar Streichquartett spielte. Seine schlechten Augen bewahrten ihn im übrigen davor, an die Front abkommandiert zu werden. Aber ihn kümmerte in dieser Zeit relativ wenig, was mit ihm geschah, obwohl er von der geliebten Familie entfernt sein mußte, mehrmals seinen Aufenthaltsort wechselte und strenges Kasernenleben kennenlernte, das den inzwischen ebenfalls eingezogenen Berg zu dessen Oper «Wozzeck» inspirierte, während sich bei Webern kein derartiger Reflex findet. Viel mehr bekümmerte Webern das Geschick Schönbergs, der ebenfalls hatte einrücken müssen. Bekannt ist sein Brief an Dr. Emil Hertzka, den Direktor der Wiener Universal Edition, vom 5. März 1916 mit der dringenden Bitte, sich für die *Enthebung* Schönbergs einzusetzen: *Für einen Lehár wurde es sofort erreicht, daß er vom Militärdienst befreit wurde. Das beweist, daß es möglich ist, Schönberg zu befreien. Und alle die andern: Reger, Pfitzner, die Komponisten, Dirigenten usw. in Wien, Berlin: kein einziger dient.*[86]

Schönberg kam Anfang 1917 frei vom Militär, zum selben Zeitpunkt wie Webern. Beide unternahmen bald wieder eine Reise nach Prag, wo sich Webern nolens volens auf eine neue Dirigenten-Anstellung einrichtete. Im Sommer 1917 zog er sich nach Klagenfurt zurück und teilte Berg am 1. Juli per Postkarte mit, er arbeite an Liedern (er erwähnt je

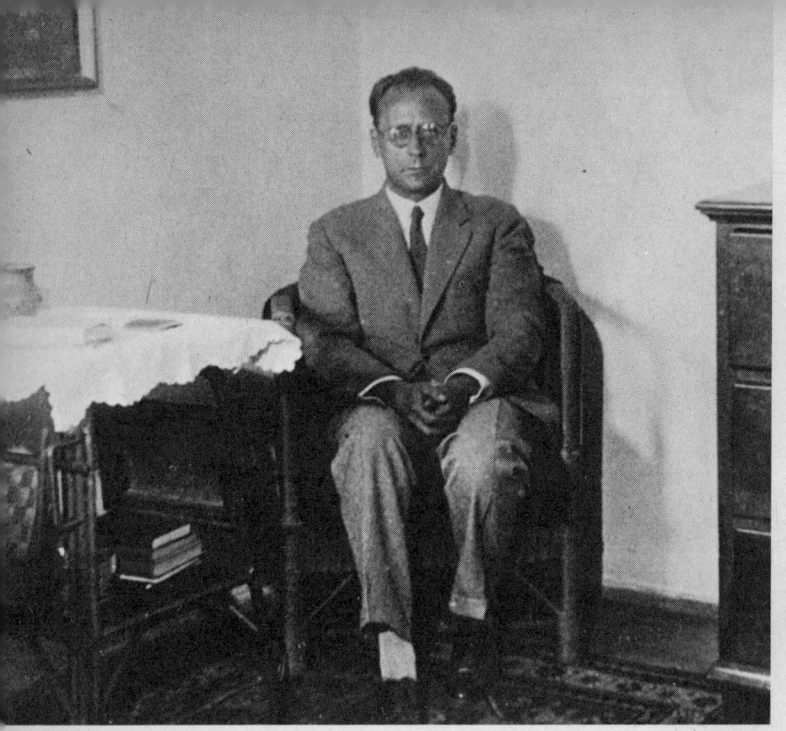

In der Mödlinger Wohnung

ein Lied aus den späteren Opera 13 und 14 – die Liedergruppen op. 12
bis 15 entstanden von 1914 bis 1922). Und am 18. August 1917 berichtet er aus Prag, er komponiere an vier Orchesterliedern – Opus 13 –:
Geschlossener Klang, lange Themen zum Teil, überhaupt ganz was an-
deres als vor dem Krieg. Und gleich danach wieder die alte Klage: *Jetzt*
wäre ich so gut im Komponieren. Da muß ich im Theater sein. Ich will's
ja selbst immer. Aber bin ich dabei, ist doch diese dauernde Verhinde-
rung am Arbeiten äußerst schmerzvoll. Ja, es regt sich mein Gewissen.
Wir sind verpflichtet, zu schreiben.[87] Die letzte Passage mag pathetisch
klingen. Immerhin zeigt sie, wozu sich Webern berufen fühlte. Er wußte,
auf welchem Gebiet er sein Bestes zu geben hatte. Die Prager Dirigen-
ten-Tätigkeit währte nicht lange, nicht länger als alle vorausgegange-
nen. Dabei stützte ihn Alexander von Zemlinsky, wo es ging. Aber das
für Webern leidige Operetten-Dirigieren konnte auch er von seinem
Schützling nicht abwenden. Im Juni 1918 ist Webern bereits wieder in
Wien und mietet in Mödling, Neusiedlerstraße 58, eine Wohnung,
knapp fünf Minuten von Schönbergs Wohnung in der Bernhardgasse
entfernt. Und wieder mußte er dringend Geld verdienen. In dieser Situation kam ihm ein Zufall zu Hilfe. Arnold Schönberg gründete den
«Verein für musikalische Privataufführungen». Er wollte neue Musik,
eingeschlossen die Debussys und Regers, den er für genial hielt, in mu-

Der «Schatzwalzer» von Johann Strauß, von Webern für Salonorchester arrangiert, mit Einzeichnungen Schönbergs

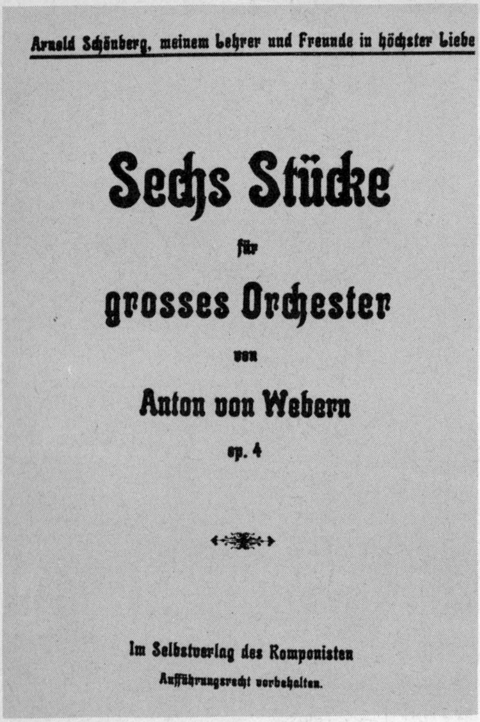

Arnold Schönberg, meinem Lehrer und Freunde in höchster Liebe

Sechs Stücke

für

grosses Orchester

von

Anton von Webern

op. 4

Im Selbstverlag des Komponisten

Aufführungsrecht vorbehalten.

Titelblatt der «Orchesterstücke» op. 4 (später op. 6)

stergültig vorbereiteten Aufführungen exemplarisch und unter Ausschluß der breiten Öffentlichkeit (vor allem auch der Kritik) darbieten lassen. Jede Art von Zustimmung oder Mißfallensäußerung war untersagt. «Welcher Komponist das Glück hatte, daß seine Werke im Verein Schönbergs aufgeführt wurden, der konnte von einer günstigen Fügung sprechen ...»[88] In diesem Verein wurde Webern Vortragsmeister. Er hatte die Werke einzustudieren und viele auch in den internen Konzerten zu dirigieren. «Schönberg wußte wohl, was er machte, als er den zu akribischer Genauigkeit neigenden, bisweilen fast pedantischen, gleichzeitig seiner Kunst wie einem Heiligtum gegenüberstehenden Webern in den Kreis der engen Mitarbeiter des Vereins berief. Seine Genauigkeit schien ihm die beste Garantie für eine saubere Gestaltung der Aufführung der Werke, die er einer Darstellung in diesem Rahmen für würdig hielt ...»[89]

Der Verein war auf hochherzige Unterstützung angewiesen. Schönberg wollte ihn gelegentlich vorzeitig auflösen. Aber er hielt sich dann doch bis 1922. Vielfach ist er als Vorläufer für die 1923 in Salzburg gegründete «Internationale Gesellschaft für Neue Musik» (IGNM) angesehen worden. Webern hat hier zweifellos Erfahrungen für spätere Aufgaben als Konzertdirigent gesammelt. Auch zum Komponieren kam er in dieser Zeit, die Opera 12 und 13 wurden abgeschlossen.

Beginn der «Orchesterstücke» op. 4 (op. 6)

1918, mit Ende des Krieges, war Österreich zur Republik ausgerufen worden; mit ihr verbunden war die Abschaffung der Adelsprädikate.

In dasselbe Jahr fiel eine ernste, tiefgreifende und offenbar länger anhaltende erneute Verstimmung zwischen Schönberg und Webern, über die Alban Berg in seinen Briefen an Helene Berg ausführlich berichtet hat. Schönberg fühlte sich abermals von seinem früheren Schüler hintergangen und warf ihm Vertrauensbrüche vor. Dabei sah Webern nur die Notwendigkeit, mehr Geld zu verdienen, um die Familie zu erhalten,

39

und spielte deshalb mit dem Gedanken, sich wieder als Kapellmeister zu verdingen, wobei sich wieder etwas mit Prag anzubahnen schien, obwohl er dort erst kurz zuvor ausgeschieden war. Schönberg glaubte nicht an die pekuniäre Zwangslage Weberns, er glaubte vielmehr, Webern wollte weg von ihm aus Mödling, und der bei Berg angesprochene Verdacht, Wilhelmine Webern habe ihren Mann zu seinem Entschluß möglicherweise angespornt, ist nicht ganz auszuräumen. Amalie Waller konnte sich jedenfalls erinnern, daß die fast Abend für Abend stattfindenden Besuche der Weberns bei Schönberg in der Bernhardgasse ihrer Mutter oft recht lästig waren.

1919 – im Geburtsjahr des vierten Kindes, der Tochter Christine – starb Weberns Vater in Klagenfurt, 69 Jahre alt. Wie der Tod der Mutter, dreizehn Jahre früher, bedeutete auch dies einen schweren Schlag für Webern, trotz der zeitweiligen Meinungsverschiedenheiten zwischen beiden, die am ehesten daher rühren mochten, daß sich Carl von Webern berechtigter- und verständlicherweise stets um die Zukunft seines Sohnes gesorgt hatte. Immerhin hatte er dessen mehrfaches Scheitern im Kapellmeisterberuf miterlebt und sein wirtschaftliches Auskommen als Komponist in keiner Weise gewährleistet gesehen.

Weberns letzter Versuch, als Kapellmeister in einen festen Vertrag einzutreten, mißlang wiederum. Zemlinsky holte ihn 1920 zum zwei-

tenmal nach Prag. Aber Webern hielt sich jetzt nur ein paar Wochen dort auf; offenbar hatte er wieder Operetten dirigieren müssen. Positiv war für ihn dagegen, daß sich die Universal Edition jetzt doch entschloß, einige seiner Kompositionen in ihr Verlagsprogramm aufzunehmen. Zunächst waren das die Opera 1, 2, 3 und 6. Die *Orchesterstücke* op. 6 hatte Webern schon vorher unter der Opuszahl 4 im Selbstverlag auf eigene Kosten drucken lassen.

Zweifellos hatte Schönberg erneut seinen Einfluß geltend gemacht und Emil Hertzka nun, nach dessen ablehnender Haltung von 1909, von Weberns Bedeutung überzeugen können.

Eine schöne Abwechslung ergab eine Reise zum Amsterdamer Mahler-Fest 1920, das Schönberg gemeinsam mit seinen Schülern, unter anderen Egon Wellesz, Webern und Joseph Trauneck, erlebte.[90] Dabei hatte Schönberg einen von Emil Hertzka ausgesetzten Kostenzuschuß von 100 Gulden ausgeschlagen und an Webern als dem Bedürftigsten weitergeleitet.[91]

Webern dürfte sich in diesen Jahren hauptsächlich mit Unterrichtshonoraren über Wasser gehalten haben. 1921 wurde er außerdem als Dirigent des Wiener Schubertbundes (bis 1922) und als Chormeister des Mödlinger Männergesangvereins (bis 1926) verpflichtet, was ihn in der Öffentlichkeit bekannter machte. Für 1922 erhielt er die Einladung, auf

41

der Tonkünstlerversammlung des Allgemeinen Deutschen Musikvereins in Düsseldorf seine *Passacaglia* op. 1 zu dirigieren. Für diese Aufführung verfaßte er eine Analyse seiner Komposition, die in der für die Konzertbesucher als Programmbuch dienenden «Allgemeinen Musikzeitung» abgedruckt wurde.[92] Webern äußerte sich befriedigt über die Aufführung, seine Komposition sei *in Düsseldorf recht warm aufgenommen worden, namentlich vom Orchester*[93]. Der Düsseldorfer Dirigent und Musikwissenschaftler Joseph Neyses erinnert sich noch heute an die uneitle, klare, die Schlagzeit 3 auffallend betonende Dirigierweise Weberns, dessen Düsseldorfer Auftritt im übrigen am Rhein so gut wie unbeachtet geblieben sei. Sehr schmeichelhaft fiel für den Komponisten die Kritik nach diesem Konzert in der Zeitschrift «Die Musikwelt» aus. Nachdem Werken von Emil Peeters und anderen die Berechtigung abgesprochen wurde, auf Tonkünstlerfesten überhaupt aufgeführt zu werden, heißt es zu Webern: «So bleibt denn als einziges Orchesterwerk Anton Weberns stolzes Opus 1, eine ‹Passacaglia› für großes Orchester übrig, in dem ein Problem gestellt und auf das glücklichste gelöst ist, das Problem nämlich, wie man mit äußerster Formenstrenge modernste Harmonik mit allen ihren letzten Verfeinerungen und Übergängen verbinden kann, und wie man auch bei Verwendung eines großen Orchesters nicht den Verlockungen neudeutscher Koloristik zu verfallen braucht und sich peinlichste musikalische Sauberkeit bewahrt. Diese Aufgabe hat Anton von Webern ausgezeichnet gelöst, und man wird in Zukunft der Arbeit dieses Schönberg-Schülers zweifellos stets größte Aufmerksamkeit zuwenden.»[94]

Die größte Aufmerksamkeit sollte Webern aber erst nach seinem Tode ab 1950 zuteil werden. Das Wort von der peinlichsten musikalischen Sauberkeit wiegt indes schwer. Hier hatte ein Kritiker – Adolf Aber – sicheren Spürsinn bewiesen. Musikalische Sauberkeit wurde für Weberns Arbeit zum unübersehbaren Indiz, und sie hat ihm zu Lebzeiten oft genug Schwierigkeiten bereitet.

Ebenfalls 1922 wurden in Salzburg, auf dem Internationalen Kammermusikfest, die *Quartettstücke* op. 5 durch das Hindemith-Quartett aufgeführt, wobei es einen Skandal gab, wie Webern Berg am 12. August 1922 mitteilt. *Die ganze Aufführung war gestört durch Lachen. Immerfort Gelächter.* Ein Komponist namens Gross (wahrscheinlich Wilhelm Grosz [1894–1939]), tat sich als Störer besonders hervor, so daß Adolf Loos (1870–1933), der dem Schönberg-Kreis sehr nahestehende funktionalistische Architekt, auf das Podium ging und dessen öffentliche Brandmarkung forderte. Webern hatte gleich zu Beginn den Saal verlassen und kam erst nach Schluß zurück, um sich bei Loos zu bedanken.[95]

Auch in Wien mußte Webern in diesem Jahr eine schmerzliche Erfahrung machen. Der Wiener Konzert-Verein hatte ihn eingeladen, ein Orchester-Abonnement zu leiten, stellte ihm dann jedoch einen Vertrag mit unannehmbaren Bedingungen zu (der härteste Punkt war, daß ihm innerhalb von vierzehn Tagen gekündigt werden konnte). Webern lehnte ab, vereinbarte aber drei Konzerte als Gastdirigent, von denen das erste am 19. September stattfinden sollte. Schon unter dem Datum des

Adolf Loos

16. Juli ist in einem Brief Weberns an Berg von Schwierigkeiten im Konzert-Verein die Rede, und Polnauer erläutert in einer Anmerkung, daß sich das Orchester in einer Probe für die große C-Dur-Symphonie Schuberts renitent aufgeführt hatte, worauf Webern trotz einer Entschuldigung von seiten der Musiker seine Tätigkeit beendete und sich erst später zu einer neuen Zusammenarbeit bereit zeigte. Dabei hätte das Orchester dann ohne besondere Ermahnung das Webernsche Pianissimo realisiert. Am 11. September 1922 resümierte Webern an Berg, es sei kein ergiebiger Sommer gewesen, die Konzert-Vereins-Geschichte und der Salzburger Skandal hätten ihn *herausgebracht.*

DAS ERFOLGREICHSTE JAHRZEHNT
(bis 1933)

Im Herbst 1922 übertrug Dr. David Josef Bach, ein Jugendfreund Schönbergs und Leiter des Vereins «Sozialdemokratische Kunststelle», Webern die Führung der Wiener Arbeiter-Symphonie-Konzerte. Sie bildeten seit dem ersten Konzert am 28. Dezember 1905 im eher rückschrittlichen als progressiv eingestellten Wien eine Art von Refugium für verpönte Musik und eine Start-Plattform für manchen jungen Solisten oder Dirigenten, dem die Staatsoper oder der Konzert-Verein noch verschlossen waren.[96] Auf der anderen Seite sah die Kunststelle eine volksbildnerische Aufgabe, vor allem gegenüber der Arbeiterschaft. An sie wandte man sich gezielt mit modernen Programmen, was die Werkwahl und die Zusammenstellung betraf, wobei «systematisch zu schwierigen Werken fortgeschritten wurde»[97]. Das Risiko war also doppelt groß. Zunächst galt es, ein weniger gebildetes Publikum mit anspruchsvoller musikalischer Literatur, auch des zeitgenössischen Be-

Brieffragment Weberns (an David Josef Bach?)

Josef Polnauer

reichs, zu konfrontieren. Daneben aber wollte man, im Hinblick auf das retardierende Musikverständnis des Wiener Publikums, Pionierarbeit leisten. In welchem Maße dieses Experiment gelang und in welchem Umfang man die Bemühungen auch auf die Gebiete der Literatur und der bildenden Kunst ausdehnen konnte, davon zeugen nicht nur die Beiträge im Mitteilungsblatt der Kunststelle, «Kunst und Volk», sondern auch die Berichte von zum Teil noch heute lebenden Augenzeugen wie der beiden älteren Töchter Weberns, seiner Schüler Erwin Ratz, Joseph Trauneck, Hans Swarowsky oder des Sängers Josef Hueber.

Der große Bruckner-Apostel Ferdinand Löwe hatte die Arbeiter-Symphonie-Konzerte über zwanzig Jahre bis zu seinem Tod geleitet. Hier spielte Arnold Rosé die Violinkonzerte von Beethoven und Brahms, hier dirigierte neben Strauss und Schalk der junge Furtwängler sein erstes Wiener Konzert, hier erklangen Kompositionen von Richard Strauss, Hugo Wolf, Gustav Mahler, Sergej Prokofjew und Arnold Schönberg, als diese in Wien offiziell überhaupt noch nicht beachtet wurden. David Josef Bach schrieb zum fünfundzwanzigjährigen Bestehen der Konzerte: «Nicht die stolze Liste der Namen soll unser Stolz sein, sondern das Gefühl, daß in fünfundzwanzig Jahren, dank der Hilfe der Künstler und der Arbeiter, durch Kunst und Volk ein Stück Arbeit für beide geleistet wurde, in Kämpfen, Mühen, Irrtümern, Mißerfolgen – trotzdem, wir sind weitergegangen und müssen weiter gehen.»[98]

Für Anton Webern eröffnete sich hier ab 1923 ein weites Betätigungsfeld. Hier sah er eine ihm entsprechende Aufgabe vor sich, auf deren Lösung mit Hilfe von musikbegeisterten, selbstlosen Menschen –

seit 1923 existierte der Singverein der Kunststelle, dessen Chormeister Webern ebenfalls war [99] – und ohne Probenbeschränkung er hoffen konnte. Auf seinen Programmen bis 1934 haben Kompositionen wie die Symphonien Beethovens, Regers Requiem, Chöre von Eisler, sozialistische Kampflieder (etwa zur Mai-Feier am 1. Mai 1933), Werke Schönbergs und Bergs und vor allem natürlich Mahler-Symphonien gestanden.

1923 erfolgte eine Einladung für Webern nach Berlin. Dort dirigierte er im Rahmen einer Österreichischen Woche unter anderem die Uraufführung von Bergs ersten beiden Orchesterstücken aus Opus 6.

Wenn Anton Webern ab jetzt in Wien etwas bekannter wurde, dann als Dirigent des Wiener Arbeitersingvereins. 1924 wurde ihm sogar der Musikpreis der Stadt Wien zuerkannt, der mit einer für Webern nicht unwichtigen Geld-Dotation verbunden war. Im Juli 1924 fuhr er nach Donaueschingen, um der Uraufführung seiner *Bagatellen* op. 9 durch das Amar-Quartett und der *Lieder* op. 14 nach Texten Georg Trakls in einer Matinee am 20. Juli beizuwohnen. Die *Bagatellen* wurden offen verlacht. In den Trakl-Liedern dirigierte Webern selbst ein Wiener Ensemble, dem auch Rudolf Kolisch angehörte. Gesangssolistin war Klara Kwartin, der der Komponist auf ihr Notenexemplar schrieb: *Wie schön, liebes Fräulein, haben Sie diese Lieder gesungen; Ihre wundervolle Stimme hat sie zum Leben erweckt: mir unvergeßlich!* [100] Opus 14 fand bei der Kritik kaum Verständnis. Am positivsten klang noch der Satz in der «Vossischen Zeitung»: «... die Geistigkeit eines verrannten Musikers, aber eines, dem das Musizieren eine heilige Angelegenheit ist, wirkt sich kräftig aus.»[101]

1924 fand außerdem die Uraufführung der *Fünf geistlichen Lieder* op. 15 in Wien statt, mit Mitgliedern des Staatsopernorchesters und der Sopranistin Felicie Hüni-Mihacsek, die der Komponist laut Hans Swarowsky über alle anderen ihres Fachs stellte.[102]

Eines Tages im Februar 1923 hatte Schönberg seinen Schülern in seinem Mödlinger Heim die von ihm entwickelte Zwölftontechnik vorge-

Donaueschingen, 1924. Klara Kwartin, Webern und Wiener Musiker

Felicie
Hüni-Mihacsek

stellt. Es ist überliefert, daß Webern zunächst äußerst skeptisch reagierte und sich für die neue Methode erst erwärmte, als Schönberg Ausnahmen von der Regel aufzeigte, die den Schüler in seinem Glauben an die Intuition bestärken konnten.[103]

In seiner Werkserie kam Webern 1924 bis zu den *Drei Volkstexten* op. 17. Mit ihnen vollzog er seinen ersten eigenen Schritt zur Zwölftontechnik, die er nicht wieder aufgab. Diese Zeit ist vielfach als die reichste und ergiebigste im Leben Weberns bezeichnet worden. Während über die Bedeutung seines Spätwerks durchaus unterschiedliche Ansichten bestehen, kann man allgemein sagen, daß sich Weberns Dasein im ganzen konsolidierte. Zwar bat er noch 1925 Emil Hertzka in einem Brief vom 15. April: *Ich suche eine Dirigenten-Stellung; etwa in der Art, wie sie die sogenannten städtischen Musikdirektoren in Deutschland innehaben. Deshalb denke ich auch an Bochum. Aber ich will mich durchaus nicht gerade auf derartiges festlegen. Ich möchte nur endlich einmal aus meiner derzeitigen materiellen Unsicherheit herauskommen und ein entsprechendes künstlerisches Betätigungsfeld als Dirigent finden. Was wäre das für ein Glück, es endlich ein wenig leichter zu haben. Verdiente ich das wirklich so gar nicht? Aber jede Überhebung sei fern von mir. Und nun bitte ich Sie, sehr verehrter Herr Direktor, vielmals und inständigst, mir bei diesen meinen Absichten behilflich zu sein und Ihren so überaus weitgehenden Einfluß ein wenig für mich geltend zu*

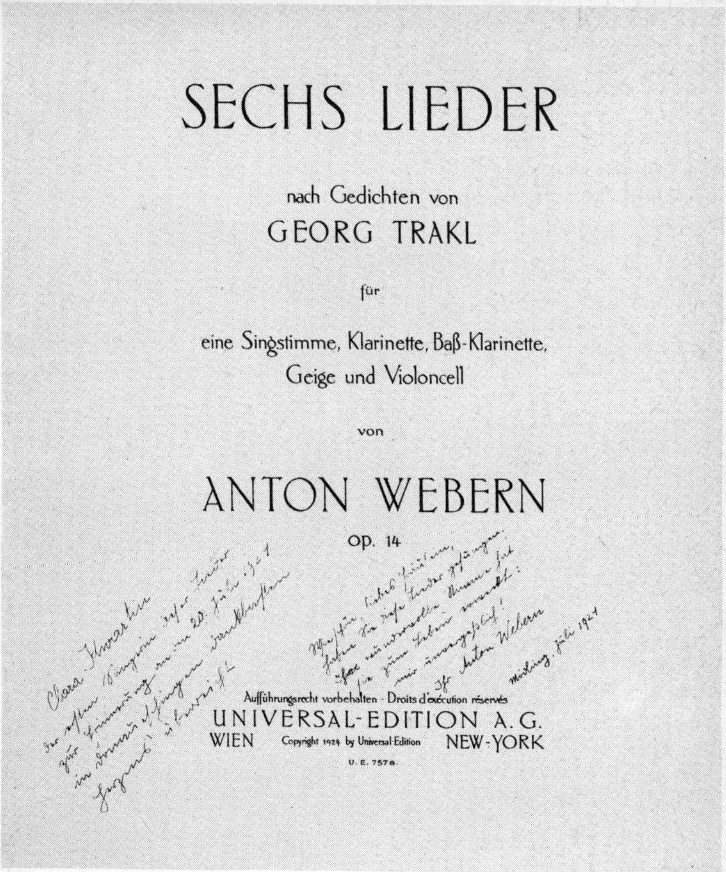

SECHS LIEDER

nach Gedichten von
GEORG TRAKL

für

eine Singstimme, Klarinette, Baß-Klarinette,
Geige und Violoncell

von

ANTON WEBERN

op. 14

Aufführungsrecht vorbehalten - Droits d'exécution réservés
UNIVERSAL-EDITION A.G.
WIEN   Copyright 1924 by Universal-Edition   NEW-YORK

U. E. 7576.

Titelblatt der sechs Trakl-Lieder mit einer Widmung Weberns an Klara Kwartin

machen . . .[104] Aus diesem Plan ist zum Glück nichts geworden, denn
sicher wäre ein derartiges Engagement, zumal in einer Gegend Deutschlands, die Webern von Mentalität und Landschaft überhaupt nicht gelegen haben würde, wieder nicht von Dauer gewesen.

1925 wurde Webern Lehrer am «Wiener Jüdischen Blindeninstitut»,
lebte aber hauptsächlich weiter von privaten Unterrichtsstunden. Willi
Reich, Erwin Ratz, Ludwig Zenk, Hans Swarowsky und Karl Rankl – um
nur einige zu nennen, gehörten damals zu seinem Schülerkreis. Er wurde ein begehrter Lehrer, zumal Schönberg wieder nach Berlin gegangen
war. Seine Werke erschienen sämtlich bei der Universal Edition, und
Ende 1926 gelang es ihm endlich, den lange ersehnten festen monatli-
chen Tantiemen-Vorschuß mit dem Verlag zu vereinbaren, was insofern

gerechtfertigt war, als Webern mehr und mehr aufgeführt wurde. Außerdem war er Mitglied der Gesellschaft für Autoren, Komponisten und Musikverleger in Österreich geworden.

Beim Mödlinger Männergesangverein war er im Mai 1926 als Chormeister ausgeschieden. Für seinen Entschluß gab es einen konkreten Anlaß. Als vor einem Chorkonzert in Mödling die Solistin der Sopranpartie in «Mirjams Siegesgesang» von Schubert erkrankte, engagierte Webern eine jüdische Sopranistin, eine Frau Wilheim, die noch heute in Amerika lebt. In einer wenig später einberufenen Mitgliederversammlung wurde Webern wegen dieses Engagements gerügt, was ihn zu seinem sofortigen Rücktritt veranlaßte. Diese Episode, die mir Josef Hueber schriftlich mitgeteilt hat, wurde mir dagegen von einem noch heute in Mödling lebenden ehemaligen Mitglied des Chorvorstandes verschwiegen.

Webern kam durch seinen Schritt in neue finanzielle Schwierigkeiten, so daß Berg und andere helfend einspringen mußten. Davor, am 19. April, hatte er im 200. Arbeiter-Symphonie-Konzert Mahlers 8. Symphonie dirigiert, sowie Haydns «Jahreszeiten» in Wien und Bruckners f-moll-Messe in der St. Othmar-Kirche in Mödling. Für Juni war er zum IGNM-Fest nach Zürich eingeladen worden, um Schönbergs Bläserquintett und seine *Orchesterstücke* op. 10 einzustudieren und aufzuführen. In Wien brachte er Mahlers «Klagendes Lied» heraus.

Die Aufführung von Mahlers 8. Symphonie in Wien durch Anton Webern wird in den Annalen der Mahler-Pflege als ein herausragendes Ereignis festgehalten. In diesem Konzert faßte Webern den Singverein der Kunststelle mit dem gemischten Chor «Freie Typographia» zusammen, die schon vor seiner Zeit sporadisch zusammengearbeitet hatten. Webern ist nie der eigentliche Leiter der «Freien Typographia» gewesen, hat aber regelmäßig mit diesem Chor gearbeitet und ihn in Konzerten bis 1935 neben anderen dirigiert. Die «Freie Typographia» hatte sich 1890 gegründet und setzte sich zusammen aus Graphikern und Angehörigen des Buchdrucker-Gewerbes. Nach drei Wochen schon verfügte der Chor über 130 Mitglieder, und wenig später schloß sich ihm ein Frauenchor an. Auch diese Vereinigung war – allein aus der Tradition des Drucker-Berufs heraus – sozialdemokratisch orientiert, so daß sich die Zusammenarbeit mit der Kunststelle unter Leitung Bachs anbot.[105]

Als weiteres Ereignis fiel ins Jahr 1926 Weberns beginnende Freundschaft mit dem Ehepaar Jone-Humplik. Hildegard Jone, Malerin und Dichterin, hat den Komponisten, wie beider Briefwechsel beweist, merklich beeinflußt in seiner entschiedenen Hinwendung zu einer naturhaft-mystischen Geisteshaltung anthroposophischer Prägung. Hildegard Jone lieferte ihm für seine späten Kantaten die Textvorlagen und hat ihn ge-

Christine Webern, Frau Hueber, Anton Webern, Frau Zenk

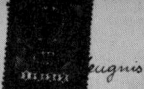

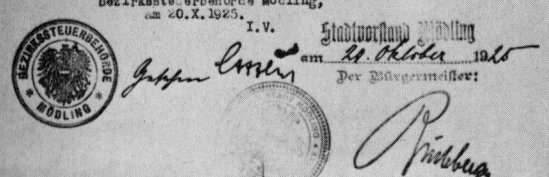

Weberns Zeugnis für seinen Schüler Ludwig Zenk

zeichnet, während Josef Humplik im Laufe der Jahre zwei Büsten des Komponisten modellierte und das Holzkreuz für Weberns Grab in Mittersill entwarf.

Wie anregend und befruchtend diese verschiedenartigen, sämtlich erfreulichen Ereignisse für Anton Webern waren, zeigt seine kompositorische Aktivität, selbst wenn sie sich – wie bei ihm üblich – langsam auswirkte (die Opera 18 und 19 wurden fertig). Weiteren Auftrieb brachte seine Ernennung zum ständigen Dirigenten des österreichischen Rundfunks 1927, wo er zur Hauptsache Live-Konzerte als Sendungen zu programmieren und zu dirigieren hatte.[106] 1930 konnte er hier auch einmal seine *Passacaglia* einsetzen, und mit Béla Bartók am Klavier führte er dessen erstes Klavierkonzert auf.

1927 komponierte Webern sein *Streichtrio* op. 20, das bereits Ende des Jahres gedruckt vorlag. Webern bedankt sich bei Hertzka in einem Brief vom 6. Dezember für die rasche Edition und vor allem für die Verlängerung des für 1927 gewährten Monatsfixums: *Ihr damit mir bekundetes Vertrauen zu meiner Sache ist mir die größte Stütze auf meinem doch gewiß nicht leichten Wege. Doch möchte ich bei dieser Gele-*

Webern bei der Probe für Mahlers 6. Symphonie

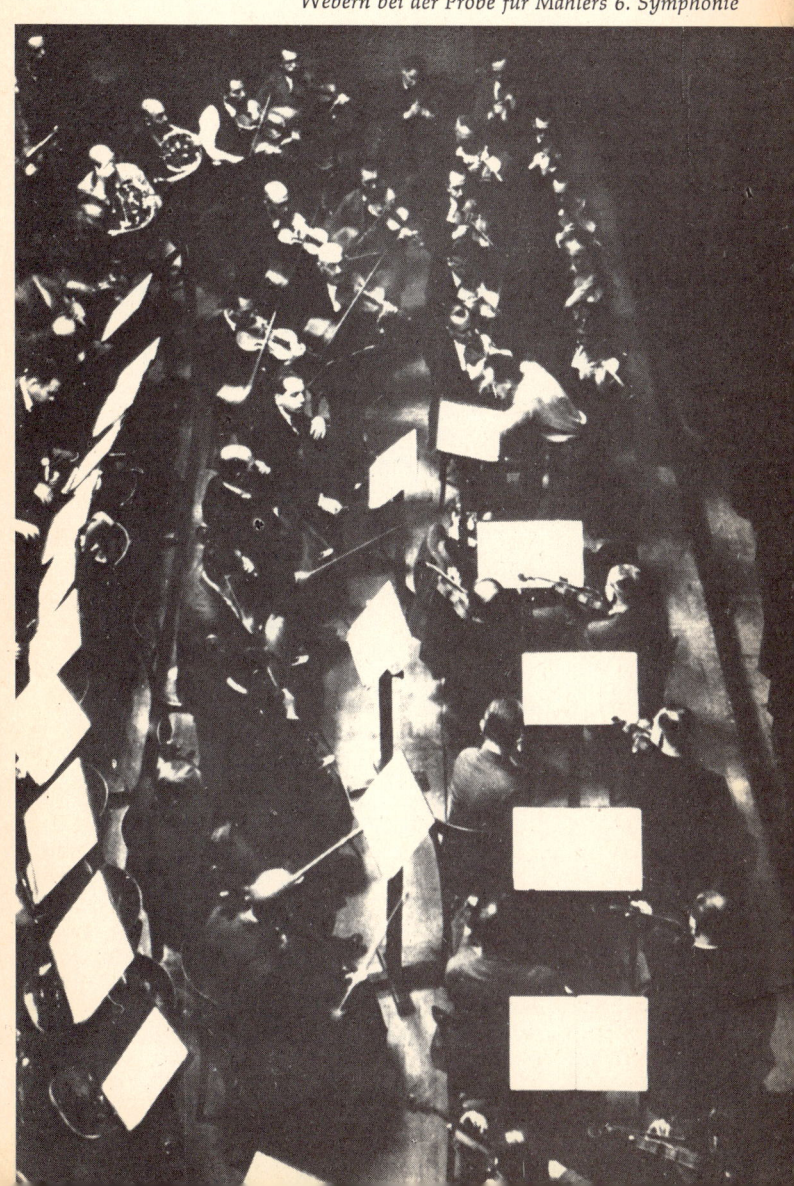

genheit gerne einmal zu Ihrer Beruhigung ganz ausdrücklich darauf hinweisen, daß doch – namentlich in den letzten Jahren – zweifellos ein zwar zäher, aber doch stetiger, niemals unterbrochener Aufstieg meiner Sache zu beobachten ist. Und bietet solche Art von Erfolg nicht mehr Gewähr als etwa ein raketenartiger? Mit jedem Jahr wird die Zahl der Aufführungen in jeder Kategorie meiner Werke größer ... Wohl weiß ich, daß mein Werk rein geschäftlich noch immer äußerst wenig bedeutet. Aber das liegt wohl in seiner ausschließlich lyrischen Natur begründet: Gedichte sind freilich wenig einträglich; aber schließlich müssen sie eben doch geschrieben werden...[107]

Mitte Januar 1928 wird das Trio in Wien uraufgeführt. In einer weiteren Aufführung beim Tonkünstlerfest in Schwerin kommt es zum Skandal. In einer zeitgenössischen Kritik heißt es: «Bei Weberns Trio

Josef Humplik. Zeichnung
von Hildegard Jone

Josef Humplik

... ergab sich ein durch emsiges Pfeifen ‹atonal› gestimmter Durchfall des Tonkünstlerpublikums. Wenn auch zugegeben ist, daß die kontrapunktische Filigranarbeit dieser schemenhaft vorüberhuschenden Gebilde ohne Partitur schwer erfaßbar sein dürfte, so beweist das zumindest nichts gegen das betreffende Werk.»[108] Kolisch und zwei seiner Quartettleute hatten das Trio in Wien wie in Stettin gespielt und Webern von dem Skandal berichtet. Der Komponist schrieb daraufhin an Emil Hertzka, der Skandal *hatte mich namentlich Ihrethalben sehr aufgeregt. Nun überzeugte mich Ihre liebe Karte neuerdings von Ihrem unbeirrbaren Glauben an meine Sache ...*[109]

1928 komponierte Webern die *Symphonie* op. 21, die mit dem voraufgegangenen Trio und dem nachfolgenden *Saxophon-Quartett* op. 22 gemeinsam hat, daß sie auf drei Sätze disponiert war, Webern die Arbeit aber jeweils nach zwei Sätzen beendete. Skizzen zu diesen dritten Sätzen sind in allen drei Fällen vorhanden.[110] Warum sie nicht ausgeführt wurden, ist heute schwer erklärlich. Auf jeden Fall hatte der Komponist nach Vollendung des Trios in seinem Tagebuch die seltsam schicksalhaft anmutenden Worte notiert: ... *nach vieler Überlegung schwerer Entschluß: Arbeit am 3. Satz meines Streichtrios aufzugeben und bei zwei Sätzen zu bleiben.*[111] Erwin Ratz hält es nicht für ausgeschlossen, daß Webern den Wünschen des Verlages entgegenkam, wenn er die dritten Sätze eliminierte.[112] Damit würde der «schwere Entschluß» eine denkbar pragmatische Erklärung erhalten, an die Křenek aus seiner analytischen Erfahrung mit der Musik Weberns allerdings nicht glaubt.

Ende des Jahres erkrankte Webern an Magengeschwüren, die einen Krankenhausaufenthalt erforderten. Erst ab Januar 1929 konnte er wieder dirigieren und unterrichten. Wie sehr seine Popularität zumindest in Kennerkreisen wuchs, geht aus einem Kompositionsauftrag (für 350 Dollar) der amerikanischen «League of Composers» hervor, die ihn 1926 zum Ehrenmitglied ernannt hatte. Er bot die *Symphonie* op. 21 an, die am 18. Dezember in Philadelphia uraufgeführt worden ist.

Das Jahr 1929 war für Webern äußerst arbeitsreich. Er dirigierte öffentliche Konzerte in Wien sowie im Rundfunk, und immer wieder waren von ihm besonders bevorzugte Werke wie Mahlers 2. Symphonie und Schönbergs Chor «Friede auf Erden», aber auch Stücke Mozarts, Brahms', Wolfs, Milhauds sowie Strauß-Walzer in den Programmen zu finden. Ende des Jahres reiste er über München, Frankfurt – dort führte er mit Josef Hueber Mahlers «Kindertotenlieder» auf – und Köln zum erstenmal nach London, um am 2. Dezember ein Rundfunkkonzert bei der BBC zu dirigieren.

Nicht ohne Rührung liest man Weberns minuziöse Reiseaufzeichnungen. Am 15. November fährt er vormittags um 11 Uhr in Wien ab, erreicht abends Salzburg und notiert: *Abschied von der heimatlichen Erde.*[113] Und nach der Rückkehr am 4. Dezember heißt es: *Unsagbar glücklicher Eindruck beim Betreten der Wohnung. – Von London nicht sehr entzückt. Verkehr kolossal. Doch ganze Art wenig sympathisch ... Gesellschaft unerträglich.*[114] Am 18. Dezember fuhr Webern zu einem Konzert nach Berlin, um dort unter anderem seine *Passacaglia* zu dirigieren. Den Humpliks schrieb er in seiner Freude über den Erfolg am 29. Dezember: *Viel hätte ich zu erzählen von Berlin. Das Konzert fiel gut aus; namentlich mein Stück ... gelang sehr glücklich. Die Stadt Berlin gefiel mir diesmal sehr. Dort ließe es sich, glaube ich, sehr schön leben.*[115]

Auch die ersten Jahre des dritten Jahrzehnts brachten Webern viel Bestätigung. 1930 ernennt ihn der Rundfunk in Wien zum Lektor, Zensor und Fachberater für neue Musik. Damit dürfte er praktisch eine Art von Abteilungsleiter ohne feste Anstellung gewesen sein. Auf kompositorischem Gebiet legte er das schon erwähnte *Saxophon-Quartett* op. 22 vor. In dieser Zeit hat Webern nach all den Jahren auch wieder Opernpläne gehabt und sich von Hildegard Jone ein Libretto erhofft.[116] Allerdings schien, was an Bühnendichtung Hildegard Jones vorlag, ihn bisher nicht inspiriert zu haben, so daß er die Freundin nun zu einem Kantatentext ermunterte (Brief vom 8. September 1930).[117] Hiermit begann die Zusammenarbeit zwischen Webern und der heute vergessenen, von Webern – wie Adorno meint – möglicherweise überschätzten Dichterin[118], die freilich seiner Vorliebe für klanglich umdeutbare Texte ohne greifbare Handlung, dafür mit mehr psychischer Nachwirkung in ihren Arbeiten voll zu entsprechen schien.[119]

1931 erlebte Webern, neben zahlreichen großen Konzerten im Rahmen der Arbeiter-Symphonie-Konzerte und zwei Londoner Konzerten im Mai auch einen Abend mit eigenen Werken im Musikvereinssaal. Unter den Mitwirkenden waren Rudolf Kolisch, der Pianist Eduard Steuermann und andere Interpreten aus dem Schönberg-Kreis. Im Programm standen die *Streichquartette* op. 5 und 9, das *Streichtrio*, Klavierlieder und als Uraufführung das *Saxophon-Quartett*. Außerdem wurde Webern zum zweitenmal mit dem städtischen Musikpreis der Gemeinde Wien ausgezeichnet, um den er sich beworben hatte und der auch finanziell wieder hilfreich für die Familie war. «Die wichtigsten Anschaffungen – zum Beispiel eine längst notwendig gewordene Schreibmaschine – konnten hiervon bestritten werden.»[120] Bedenkt man, daß die finanzielle Dotierung dieser Preise mit 3000 Schilling nicht übertrieben hoch war und durch sie der Familie Webern dennoch wesentli-

Weberns Bewerbung um den Wiener Musikpreis 1931

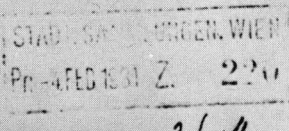

Die Kirche St. Othmar in Mödling

che Unterstützung zuteil wurde, so erinnert dieser Vorgang erschrekkend an Mozarts Abhängigkeit von seinem Logenbruder Michael Puchberg. «Für Wien ist es aber charakteristisch, daß es einen seiner besten und wertvollsten Söhne kaum kennt», resümierte Rudolf Ploderer folgerichtig in der März-Nummer 1932 der kurzlebigen Musikzeitschrift «23», die von Berg, Reich, Křenek und anderen ediert und redigiert wurde.

Anton Webern ist manchmal ein ausgesprochen unruhiger Geist gewesen. Die Zurückgezogenheit in Mödling mochte ihm plötzlich, zumal Schönberg nicht mehr da war, das Gefühl der Isolation gegeben haben, während sie ihn vorher beglückt hatte. So wurde in Wien eine Wohnung gemietet. Am 12. Januar schreibt er an die Humpliks: *Wohl sind wir jetzt schon so halbwegs mit unserer neuen Wohnung in Ordnung und sie gefällt uns auch in vieler Hinsicht recht sehr, aber ... Fast möchte ich sagen, ich weiß nicht, ob es so gehen wird.*[121] Schon einen Monat später, am 11. Februar, heißt es: *... aber wir können uns nicht hineinfinden in die neue Lage – es ist alles vergeblich; und so haben wir nur einen Gedanken: wieder zurück in unser altes Heim.*[122] Und am 8. März fragt er: *Warum seid Ihr so erschrocken über unsere Absicht, wieder nach Mödling zu ziehen? Es ist einfach unmöglich für uns, hier zu bleiben. Es war ein Fehler von uns, hereinzuziehen. Das sehen* *wir von Tag zu Tag deutlicher: so wollen wir denn wieder gutmachen. Das kann doch nur richtig sein.*[123] Im übrigen war Webern in dieser Zeit für seine Verhältnisse von Arbeit fast überlastet. Er hatte in Wien Konzerte zu leiten, war zu zwei Konzerten (am 5. und 7. April) nach Barcelona verpflichtet worden und hielt in Wiener Privatkreisen bei Frau Dr. Rita Kurzmann Vorträge über neue Musik, die sein Freund Rudolf Ploderer mitstenographierte und die von Willi Reich 1960 publiziert worden sind.[124] Ein früherer Veröffentlichungsversuch in den USA war gescheitert.[125] Heute bilden diese wenigen Fakten und Zeugnisse eine unschätzbare Quelle für das Webern-Verständnis.

In Barcelona führte er mit dem Casals-Orchester unter anderem Schuberts 5. Symphonie und Schönbergs «Pelleas und Melisande» auf. In einer Karte kommentierte er an Berg: *Orchester ganz hervorragend. Das beste, das ich je dirigierte! Und so sind auch meine Konzerte – glaube ich – sehr schön ausgefallen. Ich bin wirklich in höchstem Grad befriedigt.*[126] Anfang Mai absolvierte er sein zweites Londoner Konzert mit Kompositionen von Schubert, Johann Strauß, Hugo Wolf, Schönberg und von sich selbst. Am 8. März hatte er in dem schon erwähnten Brief an die Humpliks geschrieben: *Hier in Wien wird es immer entsetzlicher – was man mir da (fast) täglich antut, ist schon kaum mehr erträglich. Von Berlin erhielt ich wieder Nachricht. – Die Sache vom Herbst scheint wieder aufzuleben. Vielleicht kommt da die Rettung für mich aus diesen furchtbaren Wiener Verhältnissen.*[127] Ob er jetzt erneut an eine Übersiedlung nach Berlin dachte, was Polnauer nicht ausschließt[128], bleibt offen. Auch die von ihm angedeutete Drangsalierung kann man sich real kaum deuten. Daß Webern in dieser Zeit in schlechter körperlicher wie seelischer Verfassung war, geht aus einem Brief Schönbergs vom 12. August 1932 an ihn hervor. Webern hatte sich offenbar gründlich untersuchen lassen und dem Freund die Ergebnisse mitgeteilt. Schönberg antwortet daraufhin: «Ich freue mich aufrichtig, daß Dein Befund so gut ausgefallen ist. Die Hauptsache: kein wirklich krankes Organ. Mehr kann man sich ja gar nicht wünschen. Und alles andere wird bei einer gewissen Behandlung und Schonung gut. Du fragst, woher all diese Zustände kommen. Ich glaube (es klingt veraltet, aber ich muß es doch sagen und mit dem veralteten Ausdruck, den man dafür gebraucht) vom G e m ü t! Ich glaube, Du regst Dich bei allem zu viel auf. Ob Du nun dirigierst, eine Probe hältst, eine Sache durchsetzen mußt, eine Kritik erfährst, und wer weiß bei wie vielen Gelegenheiten noch: immer gibst Du zu viel Herz.»[129] Diese Freundes-Diagnose zielt nicht nur ins Zentrum von Weberns Wesen, sondern zeigt darüber hinaus, wie wenig Webern in der Lage gewesen sein muß, die Dinge, die ihn betrafen, sachlich-rational einzuschätzen und sich gegen sie abzuschirmen.

Auf jeden Fall zogen die Weberns rasch wieder zurück in die Gegend von Mödling und mieteten im August eine Wohnung in Maria-Enzersdorf, Im Auholz 8, die sie bis zu ihrer Flucht nach Mittersill 1945 behielten. Diese Wohnung war fast ländlich am Ende einer ansteigenden toten Stichstraße gelegen. Außerdem stand Anton Webern der Garten hinter dem Haus zur Verfügung, in dem er Blumen pflanzen und ziehen

Weberns Wohnung in Maria-Enzersdorf (1932–45)

konnte. An Ernst Křenek schrieb er am 20. September 1932, er sei froh, *wieder herraußen zu sein . . . ganz im Grünen und mehr bei den Bergen.*

1933, das Jahr, in dem Webern sein 50. Lebensjahr vollendete, dirigierte er im April zum drittenmal in London zwei Konzerte, unter anderem die 4. Symphonie von Gustav Mahler. Hans Heinz Stuckenschmidt riskierte im bereits von Hitler beherrschten Deutschland in einer Berliner Zeitung folgende Würdigung: «Die Lauterkeit seiner Person hat ihm die Verehrung auch bei denen eingebracht, die seinem Werk verständnislos gegenüberstehen, – und das sind viele. Er hat es ihnen freilich nie leicht gemacht; seine Musik ist in ihrer thematischen Gedrängtheit, in der Überspitzung kleinster Akzente, in ihrer radikalen Entmaterialisierung nur einer Elite geschultester Ohren zugänglich. Ob sie über diesen engen Kreis hinaus dringen wird und kann, erscheint gleichgültig gegenüber der ethischen Kraft, die sich in seiner künstlerischen Haltung ausdrückt . . . Was das Musikleben unserer Zeit . . . ihm verdankt (und damit der Schule Schönbergs, die er mit so beispielhafter Größe repräsentiert), werden erst spätere Generationen ganz ermessen.»[130] Stuckenschmidt bekam durch seine Äußerungen einige Schwierigkeiten und erregte viel Aufsehen.[131] Webern galt in Deutschland zu jener Zeit selbstverständlich schon als «entartet». Eine geplante Aufführung seiner *Orchesterstücke* op. 6 beim 63. Tonkünstlerfest des Allgemeinen Deutschen Musikvereins in Dortmund kam nicht mehr zustande. Die politische Entwicklung in Deutschland mit der Machtergreifung durch Hitler konnte natürlich an Webern nicht spurlos vorübergehen. Auch in Österreich wurden die Verhältnisse spürbar schlechter. In einem Brief vom 3. September setzte er sich mit Hildegard Jone brieflich über eine Vergil-Übersetzung auseinander, was er äußerst wichtig nahm und wozu er anmerkte: *... sicher wird mir solches nur wichtiger, je schrecklicher es in unserer Zeit zugeht. Manche Nachrichten wirken einfach vernichtend.*[132]

Aus Anlaß von Weberns Geburtstag kommt es am 2. Dezember im Kleinen Musikvereinssaal in Wien zu einer Festversammlung der Österreichischen Sektion der IGNM, auf der David Josef Bach die Laudatio auf den Jubilar hält. Bach sagte unter anderem: «Es ist die Bejahung des Lebens, die den Künstler Webern, den Komponisten und Dirigenten, kennzeichnet. Seine Kunst ist nicht eine Flucht aus dem Leben, so sehr Leid und Verfolgung, denen jeder wahre Künstler ausgesetzt ist, dies zu befürchten scheinen, sondern es ist in Wahrheit ein stolzer Weg ins Leben!»[133] Aufgeführt wurden in dieser Feier Weberns Opera 2, 5, 7, 11 sowie Lieder aus op. 3, 4 und 12. Anschließend fand ein Empfang nur für geladene Gäste statt. Willi Reich stellte ein Webern-Heft für die Zeitschrift «23» zusammen, Křenek, Humplik, Reich selbst und andere steuerten Aufsätze und Glückwunschadressen bei. Reich schrieb

Auf der Kegelbahn, 1933

DR. ANTON WEBERN
MARIA ENZERSDORF
BEI WIEN
IM AUHOLZ 8

6. III. 34

*Brief an
Ernst Křenek*

Mein lieber Herr Krenek,

ich danke Ihnen sehr für Ihren so bedeutsamen Beitrag in dem mir gewidmeten Heft der „23".

Das darin zum Ausdruck gebrachte „Bekenntnis" freut mich ganz außerordentlich.

Ihr Bekenntnis zu der Anschauung, daß die Kunst ihre eigenen Gesetze hat u. daß, will man in ihr etwas hervorbringen, nur diese u. nichts anderes sonst Geltung haben können.

Aber indem wir das erkennen, fühlen wir auch, je größer die Erkennung sind, wie schwerer die Verantwortung, die uns auferlegt ist: daß uns überhaupt Liebe für die Zukunft zu behüten.

Nochmals vielen dank an Ihre Frau
Herzlichst grüßt

Webern

---

unter anderem: «Eine besondere Propaganda haben die von Webern geschaffenen Klangwunder nicht notwendig. Diese Kunst kann warten – ihre Zeit muß kommen»[134] – ein damals sicher nur schwacher Trost für den Komponisten, dem Adorno «die unbegreifliche Askese des Eremiten» bescheinigt hat: «Seine Sprache ist der Dialekt der Berge oder das himmlische Latein, nie eine der mittleren Verständigung.»[135] Rudolf Ploderer, der die Sondernummer noch intensiv mitgeplant hatte, war im September durch Selbstmord aus dem Leben geschieden. Webern dankte Reich am 4. März: *Wieviel verdanken wir ihm* (gemeint ist Ploderer) *und so auch wieder und ich ganz besonders so recht dieses schöne Heft. Lassen Sie mich das so sagen, es tut mir wohl. Auch ist meiner Dankbarkeit Ihnen gegenüber, lieber Freund, damit nicht ein Atom genommen. Es ist nicht «Stückwerk», das Sie bieten, sondern ein Stück, ganz und gar beherrscht von dem Motiv der Liebe!* [136]

VEREINSAMUNG UND SPÄTWERK
(bis 1940)

Auch in Österreich wurden die Verhältnisse jetzt spürbar schlechter. Ernst Rüdiger Fürst von Starhemberg, Sympathisant des italienischen Faschismus und seit 1930 Führer der österreichischen Heimwehr, bekämpfte die Sozialdemokratie ebenso, wie er Abstand zu den deutschen Nationalsozialisten zu halten versuchte. Im Februar 1934 kam es dann unter der Regierung von Engelbert Dollfuß zum Putsch der Arbeiterparteien gegen die Christlich-Sozialen. Die Sozialdemokraten unterlagen in blutigen Straßenschlachten. Webern schrieb an Hildegard Jone am 14. Februar: *Die Aufregungen der letzten Tage sind ungeheuer und werden es immer mehr. Es ist kaum möglich, einen Gedanken zu fassen.* Und am 20. Februar heißt es an Humplik: *Je schrecklicher es wird, umso verantwortungsvoller unsere Aufgabe.*

Die Auseinandersetzung endete mit einem Erlaß von Dollfuß, in dem er die zwangsweise Auflösung der Sozialdemokratischen Partei verfügte. Damit war dem Austro-Faschismus die Tür geöffnet worden, Starhemberg wurde Vizekanzler. Für Webern bedeutete es das Ende der Arbeiter-Symphonie-Konzerte und den Verlust der Chormeisterstelle. Ihm war der entscheidende Apparat, mit dessen Hilfe er sich als Dirigent hatte artikulieren können, aus der Hand geschlagen worden. Er war wieder verstärkt auf Privatunterricht angewiesen, was allerdings im zunehmend nazistischen Österreich für ihn ebenfalls schwieriger wurde. Um so intensiver arbeitete er als Komponist. Er schrieb 1933/34, nach dem *Saxophon-Quartett* von 1930, die drei Klavierlieder *Viae inviae* op. 23, seine erste Vertonung von Jone-Texten, und das *Konzert für neun Instrumente* op. 24. Im übrigen wurde es noch stiller um den ohnehin zurückgezogen lebenden Komponisten, abgesehen von einigen wenigen auswärtigen Konzerten. So berichtet er am 21. April 1934 an Hildegard Jone: *Ich mußte mich seit Beendigung der Gesänge* – gemeint ist sein op. 23 – *ausschließlich mit dem Studium meines Londoner Programmes befassen ... Ich dirigiere eine Schubert-Symphonie und die beiden «Nachtmusiken» aus der VII. Symphonie von Mahler ...*[137] Und am 25. April 1935 fand das vierte Londoner Konzert Weberns statt mit seiner Orchestrierung des Ricercare aus Bachs «Musikalischem Opfer» *sowie zwei Werke von mir und eine klassische Symphonie*[138]. Auch im Wiener Rundfunk behielt er noch gewisse Möglichkeiten, Konzerte (unter anderem auch sein *Bach-Ricercare*) zu dirigieren. Dagegen schied er als Dirigent der «Freien Typographia» im April 1935 aus, und zwar wieder aus politischen Gründen; Weberns Programmvorstellungen ließen sich nicht mehr realisieren.

Am 24. Dezember 1935 starb Alban Berg. Sein Tod, der Tod von Loos 1933, die Emigration Arnold Schönbergs und vieler anderer jüdischer Freunde und die Gleichschaltung Österreichs 1938 vergrößerten seine geistige Einsamkeit und zwangen ihn noch mehr, sich ganz in sich zu verschließen. Seine Freundschaft mit Berg war denkbar herzlich gewesen. Der Berg-Biograph Hans Ferdinand Redlich spricht vom frühgereiften, verschlossen-herben Webern, der für Berg zum Vorbild eines

fanatisch nach einem unzugänglich hohen Kunst- und Stilideal strebenden, kompromißlosen Künstlers geworden sei, so daß Weberns Einfluß auf Berg gar nicht hoch genug veranschlagt werden könne.¹³⁹ Am
26. Dezember 1935 schreibt er an die Humpliks aus Salzburg: ... *ich
mußte trotz allem fahren. Was ich in den letzten Tagen habe durchma-
chen müssen, könnt Ihr Euch denken. Wieder zu Hause zu sein, kann
ich kaum erwarten.*¹⁴⁰

Webern konnte also nicht an der Beerdigung Bergs teilnehmen, weil
er — laut Polnauer ¹⁴¹ — nach Barcelona reisen mußte. Traditionsgemäß
fand zwischen Weihnachten und Neujahr, wie Ernst Křenek mir erzählt
hat, die Sitzung der österreichischen IGNM-Sektion statt. Da das nächste IGNM-Musikfest auf Einladung der katalanischen Sektion im April
1936 in Barcelona begangen werden sollte und die Uraufführungen von
Bergs Violinkonzert und Fragmenten aus Křeneks Oper «Karl V.» an-
standen, war die Sitzung offenbar unaufschiebbar und mag sogar eine
Reise nach Barcelona erforderlich gemacht haben. Webern stand bei
dieser Gelegenheit im Mittelpunkt des Interesses der österreichischen
Sektion, die er mit Křenek und David Josef Bach leitete, weil er beide
Uraufführungen dirigieren sollte. Als Solist in Bergs Violinkonzert war
Louis Krasner vorgesehen. Webern hat diese Dirigate dann im April
1936 in Barcelona kurzfristig abgesagt, und Hermann Scherchen mußte
für ihn einspringen. Über diesen Vorfall ist bis heute viel gerätselt worden. Redlich schreibt in seinem Berg-Buch, Webern sei damals nach den
ersten Proben mit der Leistung des Orchesters unzufrieden gewesen ¹⁴²,
was Willi Reich, der sich auch in Barcelona aufhielt, bestätigt: «Es zir-
kulierten dort derartige Gerüchte. Zu mir hat Webern sich nicht darüber geäußert, obwohl wir in der gleichen Pension wohnten.»¹⁴³

Als einzige authentische Äußerung in schriftlicher Form galt bisher
ein Brief, den Webern knapp zwei Jahre später, am 1. Januar 1938, an
Scherchen richtete, als dieser in London bei der BBC Weberns *Ricercare*
nach Bach aufführte. Webern sprach hier von den *unglückseligen Tagen
in Barcelona: Daß mich damals so gar niemand verstanden hat! Niemand begriffen hat, wie mir war, so unmittelbar nach Bergs Hinschei-
den; daß ich den Aufregungen, die mir die Aufgabe verursachte, sein
letztes Werk zum ersten Male aufzuführen — zu diesem so nahen Zeitpunkt —, einfach nicht mehr gewachsen war! Bis zum letzten Augenblick
hatte ich gehofft, es aushalten zu können. Aber es ist eben doch nicht
gegangen!*¹⁴⁴

Die Erschütterung Weberns über Bergs Tod war ohne jeden Zweifel
echt. Gerade darum mutet es merkwürdig an, wie nahezu systematisch
er sich dem ihm übertragenen Auftrag entzog, mit dem er dem toten
Freund den größten Dienst postum hätte erweisen können. Keineswegs
kann nämlich die mangelhafte Orchesterqualität ausschlaggebend gewesen sein, zumal es sich, wie schon im April 1932, wieder um das Casals-Orchester handelte, das ihm zur Verfügung stand und das er damals gegenüber Berg ausdrücklich gelobt hatte.¹⁴⁵ Ernst Křenek weiß,
daß Webern sich nicht erst in Barcelona, sondern schon vorher in Wien
der Aufgabe zu entledigen versuchte. Zunächst hatte er in kleinlicher
Weise Probebedingungen ausgehandelt, vermutlich in der Hoffnung,

Alban Berg und Anton Webern

die Geduld der Spanier würde erlahmen, worin er sich täuschte. Am Karfreitag 1936 ließ Webern Křenek dann durch seinen Schüler Ludwig Zenk mitteilen, er könne die Leitung des Konzerts definitiv nicht übernehmen. Seine Gründe waren allgemeiner Art; vor allem schützte er eigene kompositorische Arbeit vor. Immerhin gelang es Bach und Křenek, Webern diese Absage auszureden und – was noch schwerer war – für ihn zwischen den Feiertagen ein Einreisevisum nach Spanien zu beschaffen. Hatte Webern also schon keine Reisevorbereitungen getroffen, so ließ er nun weiterhin nicht davon ab, nach Ausflüchten zu suchen, die seine Fahrt nach Barcelona unmöglich machen sollten. Beispielsweise bestand er darauf, über Deutschland zu reisen, was zusätzliche, aber am Ende durch Beziehungen gelöste Paßschwierigkeiten bereitete. Nachdem er dann die über die Schweiz gefahrenen Freunde in Frankreich wiedergetroffen und spanischen Boden erreicht hatte, bemerkte er vom Zug aus in einem Dorf einen Aufmarsch mit roten Fahnen. Sein wenn nicht vorgetäuschter, so doch strikt auf die eigene Angelegenheit bezogener Eindruck, in Spanien sei eine Revolution ausgebrochen und man sollte deshalb unverzüglich nach Wien zurückkehren, mußte ihm mühsam ausgeredet werden. In Barcelona zeigte sich Webern in den ersten beiden Proben schwierig und kam nicht über die ersten Takte des ersten Satzes hinweg. Er, der sich sonst so ausgiebig vorzubereiten pflegte, wirkte dem neuen Opus gegenüber hilflos. Aber dieser Probeneindruck, an den sich Křenek erinnert, kann natürlich wiederum psychisch bedingt gewesen sein. Vorsorglich weihte man Ernest Ansermet und Hermann Scherchen in die Lage ein, und vor der dritten Probe sagte Webern dann sozusagen erwartungsgemäß ab. Scherchen erklärte sich bereit, mit der noch verbleibenden einen Probe zu retten, was möglich war. Nun lehnte jedoch Louis Krasner seine Mitwirkung ab, weil er sich Webern im Wort fühlte, nur unter ihm den Solopart in Bergs Violinkonzert zu spielen. Er bestand darauf, daß eine spanische IGNM-Delegation zu Webern ging, um seine Befreiung aus der mündlichen Vereinbarung zu erreichen, was geschah.

Webern reiste nun keineswegs vorzeitig nach Wien zurück, sondern blieb in Barcelona, ohne sich jedoch das Konzert unter Scherchen anzuhören. Am nächsten Tag traf Křenek ihn auf einem Spaziergang. Webern verblüffte ihn mit der lapidaren Feststellung, er habe die Uraufführung gerettet, da er sich vor und nicht erst nach der letzten Probe zurückgezogen habe. Die gelegentlich gehörte Behauptung, Webern habe zwei Wochen nach der Uraufführung eine Plattenaufnahme des Berg-Konzerts in Barcelona dirigiert, ist nicht nachzuweisen und dürfte nach diesen Ereignissen auch so gut wie ganz auszuschließen sein.[146]

In den dreißiger Jahren war Anton Webern als Komponist in seine technisch strengste Phase eingetreten. Mit dem Konzert op. 24, das in vieler Hinsicht einen Schnittpunkt darstellt, ist die Phase des Spätwerks erreicht. Im übrigen tritt wieder das Wort in den Vordergrund. Vielleicht trug es, zumal Webern von jetzt ab ausschließlich Gedichte von Hildegard Jone zum Vorwurf nahm, zur konstruktivistischen Verdichtung seiner Musik bei, die ihn gegen das, was sich um ihn zutrug, relativ gleichgültig machte. 1935 vollendete er die zweite Gruppe von Klavierliedern op. 25 und komponierte die *Kantate «Das Augenlicht»* op. 26 für Chor und Orchester. Aus einem Brief an Hildegard Jone geht hervor, daß er zunächst an ein neues Orchesterstück gedacht hatte. Dann disponierte er um, suchte einen Text und fand ihn in Hildegard Jones «Viae inviae», aus denen er schon die Texte für die erste Klavierliedgruppe op. 23 entnommen hatte. Am 17. September 1935 meldete er dem befreundeten Ehepaar: *Das «Augenlicht» ist fertig. Jetzt schreibe ich die Partitur ins Reine. Wie gerne möchte ich Euch bald zeigen, was da geworden ist.*[147] Zwölf Tage später liegt die Reinschrift vor. Diesmal macht er ohne Pause weiter. Am 15. Oktober heißt es an Hildegard Jone: *Ich bin schon bei der neuen Arbeit. Wie ich Dir erzählt habe, wird es diesmal wieder eine rein instrumentale. Zwar lassen mich Deine Texte nicht mehr aus, doch muß es diesmal so sein.*[148] Webern arbeitete an den *Klavier-Variationen* op. 27, seinem einzigen Werk für ein Solo-Instrument allein.

Die Ereignisse zum Jahresende und im Frühjahr 1936 – Bergs Tod, das Musikfest in Barcelona und eine Reise in die Schweiz – rissen Webern aus dieser Arbeit. Zum andern nahm er sich viel Zeit und verwandte höchste Aufmerksamkeit auf die Sauberkeit der Konstruktion. Beweis dafür mag eine Briefpassage vom 18. Juli 1936 an die Humpliks sein: *Ich habe gute Arbeitszeit. Einen Teil meiner neuen Arbeit habe ich*

Titelblatt des Programms zum Internationalen Musikfest in Barcelona, 1936

Ernst Křenek

schon fertig gestellt ... Ich hoffe mit den Variationen etwas schon seit Jahren Vorgestelltes verwirklicht zu haben. Goethe sagt einmal zu Ekkermann, als dieser von einem neuen Gedicht begeistert spricht, darüber habe ich auch 40 Jahre nachgedacht.[149]

Vorher hatte der Schweizer Mäzen Dr. Werner Reinhart Webern zu einem Konzert nach Winterthur eingeladen. Das bedeutete für den Komponisten einen Lichtblick; konnte er hier doch einmal wieder als Interpret für sein eigenes Werk eintreten. 1937 begann er mit der Arbeit an dem *Streichquartett* op. 28, und diese Arbeit scheint relativ schnell vorangeschritten zu sein. Einen Hinweis darauf geben die meist lakonisch kurzen Meldungen in Weberns Briefen an Frau Jone und ihren Mann. Auch sonst brachte das Jahr 1937 noch einiges Erfreuliche. Am 11. Mai spielte das Kolisch-Quartett in Wien Schönbergs 4. Streichquartett zweimal an einem Abend und brachte in der Mitte Weberns *Fünf Stücke* op. 5 zu Gehör. Am 15. März findet in Wien eine Trakl-Feier statt (Brief an die Humpliks vom 23. Februar)[150], wo vermutlich Weberns *Trakl-Lieder* op. 14 aufgeführt worden sind. Am 2. September berichtete er den Freunden, daß der erste Satz seines neuen Streichquartetts abgeschlossen sei.[151] Und am 16. Oktober heißt es an Humplik: *Am 26. X. spielt ein hiesiger Pianist, der sehr talentiert ist, und mit dem ich schon fleißig arbeite, meine Variationen für Klavier (das ist die erste Aufführung davon) ...*[152] Der Pianist war Peter Stadlen, der ausführlich über seine Arbeit mit Webern an den Variationen berichtet hat und von daher zu einem der engagierten Apologeten Weberns, zum Teil gegen die Serialisten, geworden ist.

Ende des Jahres erteilte die amerikanische Mäzenatin Elizabeth Sprague Coolidge Webern den Auftrag für ein Streichquartett – zweifellos auf Grund einer Vermittlung von Schönberg und auch Kolisch. Webern arbeitete ab jetzt noch intensiver an seinem Quartett, was ihn auch von den politischen Entwicklungen in Österreich ein wenig abgelenkt haben mag. «Er zog sich vollkommen in sein Mödlinger Heim und seine häusliche Sphäre zurück – nur wirklich Vertraute hatten zu ihm Zutritt – und rang sich viel Nervenkraft, Zeit und Besinnlichkeit ab, Wesentliches zu arbeiten, in der bewußten Kenntnis des Umstandes, daß es nicht mehr so bald möglich sein werde, im deutschen Kultur- und Sprachraum seine Musik zu drucken und zum Erklingen zu bringen.»[153] Am 12. März 1938 schreibt Webern an das Ehepaar Humplik: *Ich bin ganz in meiner Arbeit und mag, mag nicht gestört sein.*[154] Große Bedeutung hat das zweimalige «mag» in diesem lapidaren, ebenso gleichgültig wie unwirsch klingenden Satz.

Im Mai ging die fertige Quartett-Partitur nach Amerika ab. Am 19. Juni hatte er Kolisch mitgeteilt: ... *mein Quartett ist fertig! Gerade in den Tagen der Ereignisse habe ich es zu Ende gebracht. Es gibt einen so herrlichen Satz von Goethe: daß «unsereinem» nur geziemt, ein Werk nach dem anderen hervorzubringen u. daß alles Andere «von Übel» ist! Das Quartett ist dreisätzig geworden. Es ist freilich wieder nicht ein sehr umfangreiches Werk geworden – Dauer gegen 20 Minuten – aber ich habe es mir wohl nicht leicht gemacht ... Ich muß gestehn, daß ich kaum jemals einer Arbeit von mir gegenüber ein so gutes Gefühl (nach Beendigung) gehabt habe, wie diesmal ... Freilich ist es wieder Lyrik geworden.*[155] Im selben Brief sorgt sich Webern um sein Honorar, dessen Verringerung um ein Drittel nach Eintritt der Währungsänderung in Österreich ihm droht. Eine Möglichkeit, das Quartett mit den Freunden selbst einzustudieren, sieht er selbst bei den bestehenden politischen Verhältnissen nicht mehr. Immerhin erlebt er die Genugtuung, daß der englische Verlag Boosey und Hawkes das Quartett verlegt und daß sein neues Opus – nach der amerikanischen Uraufführung im Herbst 1938 auf einem Musikfest in South Mountain, Massachusetts – nochmals im April 1939 auf dem IGNM-Fest in Krakau gespielt worden ist, zusammen mit seinem sogenannten II. Quartett.[156] Webern hat sein Quartett selbst detailliert analysiert und dieses Manuskript Erwin Stein, der zu jener Zeit Direktor bei Boosey und Hawkes war, übermittelt. Danach erbat er einige Kopien seiner Ausführungen zurück. Der ungarische Komponist Mátyás Šeiber hat später von einem Autographensammler eine dieser Kopien erworben, von der eine Zweitkopie an Hinner Bauch kam. Dieser reichte sie weiter an Friedhelm Döhl. Willi Reich konnte zwei Briefe Weberns an Stein eruieren, dank derer die Echtheit der Webernschen Analyse nicht in Frage steht.[157] 1938 fand in Düsseldorf anläßlich der Reichsmusiktage die Ausstellung «Entartete Kunst» statt. Neben Ernst Křenek und Oskar Schlemmer war hier auch Webern mit einem Foto vertreten. Ihm wurde bestätigt, er habe als Meisterschüler Schönbergs seinen Dresseur noch um etliche Nasenlängen übertrumpft.

London war an Weberns Musik (und an ihm selbst als ausführendem Musiker) früh interessiert gewesen, gemessen an dem sonstigen Interesse, daß diesem außergewöhnlichen Menschen und seinem Werk bezeigt worden war. Und das Interesse Londons setzte sich fort, nun wohl auch zusätzlich intensiviert durch Erwin Stein. So wurden die *Trakl-Lieder* 1938 dort aufgeführt, Scherchen brachte – wie schon erwähnt – das *Ricercare* und bereitete die Uraufführung der *Kantate «Das Augenlicht»* vor, die am 17. Juni stattfand. Am 25. Januar 1939 berichtet Webern in einem Brief an Hildegard Jone gar von *mehreren Aufführungen in London*[158], am 28. Februar von *weiteren Aufführungen in London*[159]. Luigi Dallapiccola hat an der Uraufführung des *Augenlichtes* teilgenommen. Er spricht vom besonderen Klang in dieser Partitur und erinnert sich, daß Scherchen sie «mit dämonischer Feinheit dirigiert» habe.[160] Ob Webern eine Reise nach London zu dieser Zeit untersagt worden oder ob sie ihm finanziell unmöglich war – darüber hat er sich selbst nicht geäußert. Zwar teilte er Reich am 27. Dezember 1938 mit: *An Schülern habe ich fast alles verloren. Bin manchmal sehr besorgt.*[161] Ein anderer Satz läßt dagegen auf eine unverminderte kompositorische Aktivität schließen: *Ich arbeite an einem größeren zyklischen Werk für Solo, Chor und Orchester.*[162] Hier handelte es sich um die erste Kantate; den Beginn dieser Arbeit hatte er Hildegard Jone schon im Juli 1938 verkündet.[163]

Die finanzielle Situation Weberns wurde in dieser Zeit noch schlechter. Ende Oktober 1939 schrieb er an Reich, daß er für die Universal Edition Klavierauszüge herstelle und seine letzte Tätigkeit am Rundfunk verloren habe: *Es ist eine verflixte Situation. Zur Zeit habe ich keinen einzigen Schüler.* Im gleichen Brief ist allerdings von einer geplanten Aufführung der *Passacaglia* am 7. Februar 1940 in Winterthur durch Erich Schmid die Rede: *Wenn eine Einladung an mich zustande kommen könnte, würde ich mich sehr freuen und natürlich s e h r g e r n e kommen!!!*[164] Tatsächlich fuhr Webern nach Winterthur und Basel auf Einladung von Werner Reinhart, der die gesamte Finanzierung für den Komponisten übernommen hatte.

Die Arbeit an der ersten Kantate verzögerte sich durch Weberns Brot-Arbeit, die Herstellung von Klavierauszügen für die Universal Edition, was für ihn offenbar die einzige Überlebenschance darstellte. 1941 hatte er wieder einige Schüler, wie er an die Humpliks berichtet: ... *ein Holländer und ein Balte sind dazugekommen. Also doch wieder aus dem «Auslande»; wenn das auch derzeit anders gelten muß.*[165] Schwer wiegt demgegenüber Kolneders Mitteilung: «Webern ist so arm, daß er zu einem Wiener Fest für Zeitgenössische Musik, bei dem er natürlich auch nicht aufgeführt wird, keine Eintrittskarten kaufen kann und Orffs ‹Carmina burana› nur als Zaungast an der Saaltür hören kann.»[166]

Die Arbeit an der ersten Kantate schließt Webern trotz allem Ende 1939 ab. Im Januar 1940 sitzt er schon über den *Variationen für Orchester* op. 30. Die Schweizer Reise im Februar unterbricht seine Arbeit; er freut sich an dem Aufenthalt bei den großzügigen Gastgebern und muß auch Verhandlungen wegen einer möglichen Aufführung seiner Kanta-

Ernst Diez, Anton Webern, Josef Hueber, Josef Polnauer

te in Basel geführt haben. Sie kam indes nicht zustande. Schon in einem Brief vom 19. März 1940 an die Humpliks hatte Webern diesen Verdacht geäußert und sich nahezu wehmütig erinnert: *Aber schließlich, was war ich imstande, meinem Chor (von anno dazumal) alles beizubringen!*[167] Gemeint ist hier die Zeit der Arbeiter-Symphonie-Konzerte in Wien.

DIE LETZTEN FÜNF JAHRE

Die letzten fünf Lebensjahre Anton Weberns verlaufen äußerlich unscheinbar, in pekuniärer Not und gänzlicher Zurückgezogenheit. Sie bekrönen ein Leben in Nichtbeachtung, das Webern wie eine Selbstverständlichkeit auf sich genommen hatte. Er komponierte sein letztes Werk, die *Zweite Kantate* op. 31. Nicht nur ihre Entstehung, auch die alltäglichen Ereignisse dieser Zeit spiegeln sich im Briefwechsel mit Hildegard Jone und ihrem Mann wider. Da heiratet 1941 der Sohn Peter; 1942 hofft Webern, in Venedig seine *Passacaglia* dirigieren zu können (Brief an Frau Jone vom 3. Juni 1942[168]), und für 1943 bahnt sich die Uraufführung seiner *Variationen* op. 30 in Winterthur an. Am 11. Fe-

71

bruar 1943 bangt er in einem Schreiben an die Humpliks: *Wenn alles klappt, fahre ich in der letzten Februar-Woche in die Schweiz (Winterthur) zur ersten Aufführung meiner «Variationen für Orchester».*[169] Weberns Hoffnungen erfüllten sich. So brachte das Jahr 1943 Weberns letzte Auslandsreise – Scherchen dirigierte die Uraufführung des Opus 30. Am 29. März 1943 berichtet er Josef Hueber in einem Brief beglückt über den Schweizer Aufenthalt, über die Aufführung, die recht gut geworden sei, und über die glänzende Aufnahme im Hause Reinhart: *Wunderbares Essen, herrlicher Kaffee, prächtige Zigarren (unbegrenzt!).* Es gibt einen Ausflug an den Bodensee und vor allem die Begegnung mit dem deutschen Konsul in Zürich, der sich ihm freundschaftlich zugetan zeigte und ihn am Tag nach dem Konzert noch zweimal anrief. Optimistisch ist der Unterton des Satzes: *Noch nie war es mir bisher passiert, daß sich der Vertreter meiner Heimat um mich gekümmert hätte.* Typisch, daß Webern hier den deutschen Konsul mit einem Vertreter seiner Heimat, die doch das wenn auch angeschlossene Österreich war, gleichstellte. Ebenfalls in das Jahr 1943 fiel die Fertigstellung seines letzten Werkes, des Opus 31, und am 3. Dezember sein 60. Geburtstag. Dieser wurde in aller Stille begangen, ähnlich wie schon der fünfzigste 1933, der unter dem Eindruck der politischen Veränderungen in Deutschland, mit den entsprechenden Folgen für die neue Musik und für die Musik der Juden dort gestanden hatte.

Nochmals regen sich in der Schweiz 1943 die alten Freunde. Ein Konzert wird von der Schweizer Sektion der IGNM geplant und kommt am 5. Dezember als Matinee in Basel zustande. Während zunächst wohl an einen reinen Liederabend gedacht war (*mit allen Liedern nach Deinen Worten* schreibt Webern am 11. Oktober 1943 an Hildegard Jone)[170] und während der Komponist am 23. Oktober Reich auch eine Auswahl aus seinen Opera 3, 4 und 12 für das Programm empfiehlt, enthält es in der endgültigen Fassung dann die *Klaviervariationen* op. 27 und die *Cellostücke* op. 11, die je zweimal gespielt wurden, die *Violinstücke* op. 7 und die drei ersten *Jone-Lieder* op. 23, die damit ihre späte Uraufführung erlebten, zehn Jahre nach ihrer Entstehung. Willi Reich hielt eine kurze Ansprache, und hauptsächlich wohl im Hinblick darauf hatte Webern am 23. Oktober 1943 gemahnt: *Was nun den Termin anlangt: Binden Sie sich nur ja nicht an das bewußte Datum! Nicht eine direkte Geburtstagsfeier machen, nein, nein: eine Aufführung! Gar nicht reden davon, daß ---, wie unwichtig, wie nebensächlich, um Gottes willen! Erfüllen Sie mir diesen Wunsch unbedingt!*[171] Weitere Schweizer Pläne scheinen sich zerschlagen zu haben: *... in Zürich kommt im Verlauf des Winters das «Augenlicht»! Sowie ein älteres Chorstück von mir. Auch will man ein Orchesterwerk von mir bringen, die Termine zusammenlegen, dann den Basler Abend wiederholen und mich dazu einladen.*[172] Weder diese Abende noch eine erneute Reise Weberns in die Schweiz lassen sich nachweisen.

1944 brachte Webern die Sätze der abgeschlossenen *Zweiten Kantate* in die endgültige Reihenfolge und nahm sich ein neues Projekt vor, wobei er zunächst zwischen einem reinen Orchesterwerk und einer Kantate schwankte, sich dann aber für die Lumen-Dichtung Hildegard Jones

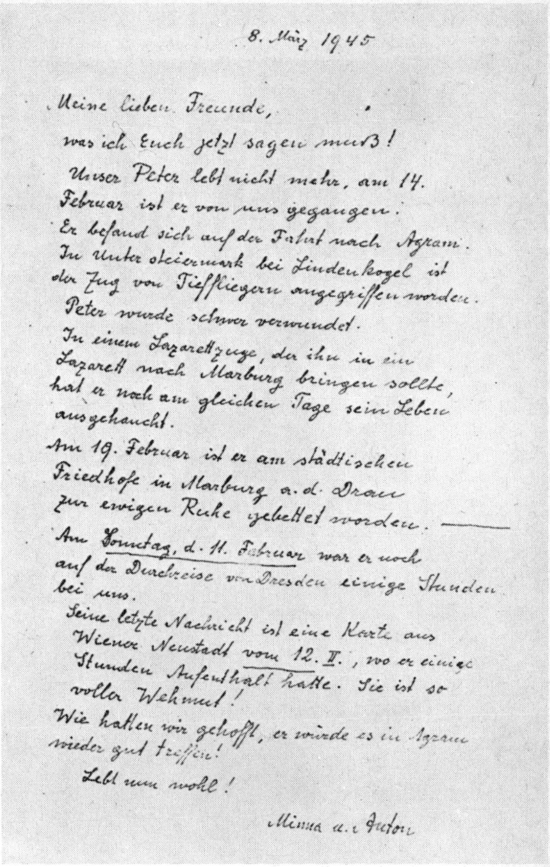

8. März 1945

Meine lieben Freunde,

was ich Euch jetzt sagen muß!

Unser Peter lebt nicht mehr, am 14.
Februar ist er von uns gegangen.

Er befand sich auf der Fahrt nach Agram.
In Untersteiermark bei Lindenkogel ist
der Zug von Tieffliegern angegriffen worden.
Peter wurde schwer verwundet.

In einem Lazarettzuge, der ihn in ein
Lazarett nach Marburg bringen sollte,
hat er noch am gleichen Tage sein Leben
ausgehaucht.

Am 19. Februar ist er am städtischen
Friedhofe in Marburg a. d. Drau
zur ewigen Ruhe gebettet worden. ——

Am Sonntag, d. 11. Februar war er noch
auf der Durchreise von Dresden einige Stunden
bei uns.

Seine letzte Nachricht ist eine Karte aus
Wiener Neustadt vom 12. II., wo er einige
Stunden Aufenthalt hatte. Sie ist so
voller Wehmut!

Wie hatten wir gehofft, er würde es in Agram
wieder gut treffen!

Lebt nun wohl!

Minna u. Anton

entschied, so daß wohl eine neue Kantate entstanden wäre, wenn Webern sie hätte abschließen können.[173] Ein «Abend zeitgenössischer Dichtung», der am 29. November 1944 in Wien stattfand und an dem ursprünglich auch Musik Weberns aufgeführt werden sollte, war Hildegard Jone gewidmet. Webern zog seine *Klaviervariationen* jedoch zurück, um keine Problematik in der Hörbereitschaft der Anwesenden aufkommen zu lassen.[174]

Im Juni war Webern zur *Luftschutz-Polizei* eingezogen worden: *... ich bin «kaserniert», kann n i c h t   z u   H a u s e   w o h n e n und so meiner Arbeit völlig entrissen!!! ... Meine Dienststelle ist Mödling, das Gymnasium mein Wohnplatz, d. h. m e i n e   K a s e r n e! Und natürlich in Uniform sein. Von 6h früh bis 5h abends geschunden. Dienste: etwa wie ein Maurerer ... Ich bin müde, abgekämpft!*[175] Das Kriegsende rückte näher. Die letzten Briefe des Komponisten an die

Humpliks deuten das sich ausbreitende Grauen und Weberns Angst um die Zukunft mehr an, als daß sie es beschreiben. Am Sonntag, dem 11. Februar 1945, bekommen die Weberns auf einige Stunden von ihrem Sohn Peter, der von Dresden nach Jugoslawien verlegt werden sollte, Besuch. Drei Tage später ist er tot. *Unser Peter lebt nicht mehr, am 14. Februar ist er von uns gegangen. Er befand sich auf der Fahrt nach Agram. In Untersteiermark, bei Lindenkogel, ist der Zug von Tiefffliegern angegriffen worden. Peter wurde schwer verwundet. In einem Lazarettzuge, der ihn in ein Lazarett nach Marburg bringen sollte, hat er noch am gleichen Tag sein Leben ausgehaucht. Am 19. Februar ist er am städtischen Friedhof in Marburg a. d. Drau zur ewigen Ruhe gebettet worden ... Seine letzte Nachricht ist eine Karte aus der Wiener Neustadt vom 12. II., wo er einige Stunden Aufenthalt hatte. Sie ist so voller Wehmut!* [176]

Der Tod seines einzigen Sohnes traf Webern unsagbar. Jetzt hielt auch ihn nichts mehr in Wien. Seine Töchter Christine und Maria waren schon 1944 mit ihren Kindern nach Mittersill ins Salzburger Land abgereist. «Ausschlaggebend für Weberns Wunsch nach Beendigung der Trennung von seinen Kindern mag neben seiner geradezu fürchterlichen Angst vor dem Ausgang des Krieges auch die Sehnsucht nach den Töchtern gewesen sein, die schon mehrfach eine Einladung an ihren Vater hatten ergehen lassen, zu ihnen ins Salzburgische zu kommen.» [177] Am Samstag vor Ostern machte sich das Ehepaar Webern, nur mit Rucksackgepäck ausgerüstet, zu Fuß auf den Weg und erreichte unerwartet bald einen Zug, der es weiterbrachte. In Zell am See trafen die Weberns ihre älteste Tochter Amalie, die mit ihnen nach Mittersill weiterfuhr.

Webern verbrachte die letzten Monate seines Lebens in Mittersill zurückgezogen, machte Wanderungen, labte sich an der Natur und fühlte sich trotz großer, räumlicher Enge wohl im Kreise seiner gesamten Familie, in der nur der Sohn fehlte. Mittersill war von Unruhe erfüllt in dieser Zeit und von zurückziehenden deutschen Soldaten überschwemmt. An aktives Arbeiten dachte Webern in dieser Zeit kaum, wenngleich Cesar Bresgen wiederholt berichtet hat und noch heute auf Anfrage bestätigt [178], daß Webern ihm seine Bemühungen um ein völlig durchrationalisiertes Kompositionssystem erläutert habe. Davon wird in anderem Zusammenhang noch zu sprechen sein. Am 17. Juli 1945 erhielt Webern zum erstenmal eine Nachricht aus Wien. Alfred Schlee, Direktor der Universal Edition, schrieb ihm unter diesem Datum unter anderem folgendes: «Wir haben hier alles gut überstanden, aber wir bedauern unendlich, daß Sie nicht in Wien sind. Es wird jetzt so viel für die ganze Zukunft Ausschlaggebendes beraten und durchgeführt, daß Ihre Anwesenheit von allerhöchster entscheidender Wichtigkeit wäre ... Die internationale Gesellschaft für Neue Musik hat die Sektion Österreich neu gegründet und Sie zum Präsidenten bestellt ... Auch sonst warten sehr viele künstlerische Aufgaben auf Sie.» [179] Wie Anton Webern auf diesen Brief reagiert hat, ist nicht bekannt. Wahrscheinlich hat er ihn vor seinem Tod gar nicht mehr erhalten. Allerdings dürfte er sich nun, nach Beseitigung des faschistisch-totalitären Regimes, Gedanken

Weberns letzte Wohnung in Mittersill

gemacht haben, wie es mit ihm und seiner Musik weitergehen würde. Im November 1947 hat Minna Webern, die in Mittersill blieb und dort 1949 gestorben ist, in einem unveröffentlichten Brief an Josef Hueber geschrieben, ihr Mann sei im Sommer 1945 fest entschlossen gewesen, nach England zu gehen. Solche Spontan-Entschlüsse waren bei Webern häufig, sind aber nur selten ausgeführt worden. So behält im Grunde wohl Gültigkeit, was er in einem Brief vom 26. November 1932 an Ernst Křenek verbittert bekannte: er möchte nur in Österreich leben, obgleich ihn seine Landsleute so miserabel behandelt hätten.

Die Geschichte von Anton Weberns Tod, deren minuziöse Erforschung Hans Moldenhauer vorgenommen hat [180], sei hier nur angedeutet. Am Abend des 15. September 1945 wurden die Weberns, die im Haus ihres Schwiegersohnes Dr. Ferdinand Halbich wohnten, zu ihrem Schwiegersohn Mattel, der Beziehungen zu den amerikanischen Besatzern hatte, zum Abendessen eingeladen. Die Mattels wohnten im Haus Markt 101. An jenem Abend verfügten die Amerikaner eine Haussuchung bei Benno Mattel, weil dessen Schwarzhandelsgeschäfte bekannt geworden waren und man bei ihm trotz des Verbotes amerikanische Währung vermutete. Die Familienangehörigen ahnten nicht, daß das Haus bereits umstellt war, als drei Amerikaner mit Mattel in der Küche

75

Mittersill:
Haus Markt 101

verhandelten. Anton Webern wollte die gespendete Zigarre vor der Haustür rauchen. Beim Hinausgehen und beim Anzünden der Zigarre draußen stieß er gegen 21 Uhr auf eine Gestalt, die ohne Warnung auf ihn schoß. Webern schleppte sich zurück ins Zimmer und wurde auf ein Sofa gelegt. Man brachte ihn ins Krankenhaus, wo er jedoch schon tot eingeliefert wurde. Am nächsten Morgen, einem Sonntag, war das Haus immer noch von den amerikanischen Bewachern umstellt. Amalie Waller fand ihren Vater während der Kirchzeit in der Totenhalle des Krankenhauses: «Auf einer Decke, auf dem Fußboden der Kapelle lag mein Vater – tot. Seine Augen waren offen, grauenhaftes Entsetzen stand darin.»[181] Der Todesschütze war Armeekoch Raymond N. Bell. Er starb fast auf den Tag zehn Jahre nach Webern, am 3. September 1955, an den Folgen von Alkoholismus. Seine Frau schrieb 1960 an Moldenhauer über den Fall Webern: «Ich weiß, daß er sich hierüber sehr gegrämt hat. Jedesmal, wenn er betrunken war, sagte er: ‹Ich wünschte, ich hätte den Mann nicht getötet!›»[182]

Nach seiner Ankunft in Mittersill hatte Webern den Humpliks mit Rotkreuzpost-Sendung nach Wien mitgeteilt: *Nach Peters Tod abgereist, gesund, erhoffen baldigstes Wiedersehen. Innigste Grüße.*[183] Der Poststempel trug das Datum vom 12. Oktober 1945. Zu diesem Zeitpunkt war Webern schon fast einen Monat tot. Hildegard Jone schuf im

76

Dein Tönewebern, Anton Webern, wahrnehmbar
des Schöpfers Webstuhl macht.
Hab Dank!

Anton Webern. Zeichnunng von Hildegard Jone, 1947

Andenken an ihn ihr Ölgemälde «Webern an der Tür des Hauses, wenige Augenblicke vor seinem gewaltsamen Ende» und Weihnachten 1947 eine Zeichnung mit der Inschrift: «Dein Töneweben, Anton Webern, wahrnehmbar des Schöpfers Webstuhl macht. Hab Dank!»

In dem 1945 von den Russen besetzten Wien wurde Weberns Tod ebenfalls erst im Oktober, nach dem Tod Béla Bartóks, bekannt, der elf Tage nach Webern in New York gestorben war. Offiziell nahm man davon nur wenig Kenntnis. Immerhin veröffentlichte Friedrich Wildgans am 20. Oktober einen kurzen Nachruf in der «Österreichischen Zeitung, Zeitung der Roten Armee für die Bevölkerung Österreichs». Sein gewiß nicht lieblos gemeintes Gedenken spiegelt die ganze Ahnungslosigkeit wider, die damals hinsichtlich Weberns Musik bestand, und man versteht nachträglich, daß der Komponist trotz seiner erklärten Heimatverbundenheit noch in den ersten Monaten nach dem Krieg mit dem Gedanken gespielt hat, nach England auszuwandern, wo David Josef Bach, Erwin Stein, Peter Stadlen, Egon Wellesz und andere Gefährten aus alter Zeit lebten.

Wildgans stellte im Stil eines selbstbewußten Tagesjournalisten lapidar fest, Webern sei kein Neuerer gewesen, da er lediglich Schönbergs Werk fortgesetzt habe, nur sein Opus 1 zeige ihn offen als das, was er in Wirklichkeit in hervorragendem Maße gewesen sei: als echten Musiker von Klangsinn und hohem Formgefühl. Dieses Verdikt ist weniger

Wildgans direkt anzulasten. Aber es verdeutlicht, mit wie wenig Verständnis Weberns Kompositionsart auch nach 1945 zunächst noch hätte rechnen müssen.

Minna Webern ist (so ihr Brief von 1947 an Hueber) im November 1945 mit ihrer ältesten Tochter Amalie Waller und deren Kindern nach Wien gefahren. Sie fand die Wohnung in Maria-Enzersdorf in einem völlig verwüsteten Zustand vor, stieß aber im Hof auf vollgestopfte Kohlensäcke, aus deren zur Verbrennung bestimmtem Inhalt sie einige der persönlichsten Dokumente ihres Mannes wie Briefe Alban Bergs an Webern zutage förderte. Außerdem stieß sie auf das letzte Skizzenbuch des Komponisten, auf das Manuskript des Dramas *Tot* und weitere persönliche Sachen, die sie mit sich nach Mittersill zurücknahm. Webern hatte also entgegen anders lautenden Behauptungen Unterlagen wie das *Tot*-Manuskript nicht selbst im April 1945 aus Wien mitgenommen. Übrigens müssen einige Menschen so geschmacklos gewesen sein und Minna Webern während ihres kurzen Wiener Aufenthalts Ende 1945 zum Vorwurf gemacht haben, im April mit ihrem Mann nicht in Wien geblieben zu sein, da sich nur so die Tragödie von Mittersill habe ereignen können.

Minna Webern starb am 29. Dezember 1949 und wurde im Grab ihres Mannes beigesetzt. Das von Josef Humplik entworfene Holzkreuz ließ Maria Halbich 1955 durch ein schmiedeeisernes ersetzen. 1972 hat

Das Grab mit dem schmiedeeisernen Kreuz

die Gemeinde Mittersill die sterblichen Überreste des Ehepaares exhumiert und in einem Ehrengrab beigesetzt. Das neue Grabmal in afrikanischem Granit wirkt wenig originell und ist dem schlichten Wesen Weberns diametral entgegengesetzt.

Amalie Waller, Weberns älteste Tochter, wurde zur Nachlaßverwalterin ihres Vaters. Zusammen mit ihrer Schwester Maria Halbich verkaufte sie den gesamten Nachlaß an Hans Moldenhauer nach Spokane in den USA, da in Wien keine Stelle Interesse bekundete. Gottfried Kraus vermutete 1961, daß dieser Nachlaß, den Frau Waller für keineswegs besonders wertvoll erklärt habe, «den einzigen Zugang zu einer Lebensdarstellung des Komponisten zu geben» scheine.[184] Er ist derzeit nicht zugänglich für Außenstehende.

Amalie Waller ist am 3. August 1973 verstorben. Maria Halbich, die zweite Tochter Weberns, lebt in Wien, während die Familie Mattel, in deren Haus in Mittersill Anton Webern starb, vermutlich auch unter dem Eindruck dieses Ereignisses, nach Argentinien auswanderte und dort heute lebt. Christine Mattel, Weberns jüngstes Kind, 1919 in Mödling geboren, trägt nach Auskunft ihrer Verwandten schwer an dem Schicksal, das ihre Familie betroffen hat. Weder in der zweiten noch in der dritten Generation nach Webern hat ein Familienmitglied einen musischen Beruf ergriffen.

Weberns beste Freunde in den schwersten Jahren, das Ehepaar Humplik, lebte nach 1945 in buchstäblicher Armut [185] in Purkersdorf

Das heutige Ehrengrab für Anton und Minna Webern

bei Wien. Josef Humplik starb am 5. April 1958 in Wien, Hildegard
Jone am 28. August 1963 in Purkersdorf. In einem ärmlichen Grab, das
ein in Herzform entworfener Grabstein Humpliks schmückt, sind beide
mit der Mutter Hildegard Jones auf dem Purkersdorfer Dorffriedhof be-
graben.

VERSUCH EINES CHARAKTERBILDES

Die Fixierung des Wesens- und Charakterbildes eines Künstlers ist ein
fragwürdiges Unterfangen, da hier meistens keine Beweise herangezogen werden können. Das betrifft vor allem Persönlichkeiten aus einer
Zeit, in der Klatsch zwar nicht weniger blühte als heute, eine gezielte
Charakterdarstellung jedoch außerdem für indiskret gehalten und statt
dessen Glorifizierung, meist eine Quelle für zahllose Geschichtsklitterun-
gen, gewählt wurde. Zweifel, ob bei einem künstlerisch produktiven
Menschen wie Webern die Aufhellung seines Charakterbildes überhaupt
von Belang sein kann, wären verfehlt. Zu viele Ereignisse in Weberns
Vita entbehren der Motivation; Fragen bleiben infolgedessen offen, und

manches Vorkommnis wirft neue auf.

Bei Webern ist man dabei keineswegs nur auf Mutmaßungen angewiesen, muß jedoch auch bei ihm, rund dreißig Jahre nach seinem Tod, bereits unklärbare Reste in Kauf nehmen, die weniger auf unsichere Informanten als auf den Komponisten selbst zurückzuführen sind. Denn Anton Webern war ein bis zur Verschlossenheit zurückhaltender Mensch. Ihn auf persönliche Umstände anzusprechen war nicht angezeigt, wie Joseph Trauneck sich ausdrückt. Verschlossenheit umfaßt viele spezifische Verhaltensweisen, zu denen bei Webern weitere und besondere hinzukommen, so daß Rudolf Kolisch ihn eine sehr komplexe und charakterologische Figur genannt hat.[186] Verschlossenheit bedeutet indes nicht, daß niemand Zugang zu Anton Webern gefunden oder erhalten hätte. Hans Swarowskys Bericht dokumentiert im Gegenteil, wie vertrauensvoll sich der Komponist beispielsweise jungen Leuten gegenüber zeigen konnte.[187]

Swarowsky sieht Webern in seiner Erinnerung wie eine Figur von Stifter aus dessen «Nachsommer»: «In der Zärtlichkeit seines Umgangs mit den Erscheinungen, in der bemühten Lehrhaftigkeit seiner Instruktion jenen immer bedachtsam Werkenden Stifterscher Prägung, und durch eine gewisse gelegentlich entwaffnende Naivität vervollständigte er den Eindruck solch menschlicher Deckung.»[188] Und Swarowsky sagt weiter: «Sein Wesen war im tiefsten Grunde Sorge, Sorge um die Menschen, rührende Sorge um die Seinen, Sorge um Lehrer und Freunde, um Kunst und Werk, Sorge auch um seine Heimat, die er, weit entfernt von patriotischem Wahn, als Milieu seines Werdens liebevoll behütete.»

Diese Fakoren waren gewiß dazu angetan, Weberns Verschlossenheit eher zu intensivieren statt sie abzubauen. Auch eine gewisse Scheu im Umgang mit Menschen und zeitweilige Unberechenbarkeiten lassen sich wohl von hier aus erklären. So war Webern gelegentlich wütender Exaltationen fähig, wie sich Ernst Křenek, gerade im Zusammenhang mit der Barcelona-Affäre, erinnert, und auch Dallapiccola erwähnt verschiedene Wesensseiten. Ihm erschien Webern wie «ein Mystiker, ein kleines Männlein, das mit etwas österreichischem Tonfall spricht, sanft, aber zu Zornausbrüchen fähig und so herzlich . . .»[189] Der Tonfall muß übrigens anderen Aussagen zufolge eher markant als verhalten gewesen sein. Daß Webern grob werden konnte, hat auch Schönberg festgehalten. Was die Körpergröße anlangt – Webern war 1,61 Meter groß, wie aus seinem letzten Paß hervorgeht.[190] Amalie Waller gab seine Größe dagegen mit 1,74 Meter an.

Das höchste Lebensprinzip war zweifellos seine Bescheidenheit, zu der Webern erzogen worden sein dürfte und aus der er später eine Tugend machte, weil die Not ihn oft genug dazu zwang. Wenn er sich nach Chorproben, wie Josef Hueber erzählt, allenfalls einen Mokka bestellte, während andere sich an den Heurigen hielten, dann war das Sparsamkeit aus Zwang, aber ebensosehr vielleicht aus Überzeugung. Jahre früher hatte er gar ein Programm aus dieser Einstellung gemacht. Am 23. November 1912 schreibt er aus Stettin an Berg, wie sehr er die guten Sitten der Eltern schätze und gegen Modefexen sei. Zentralheizung, Kochen mit Gas, Warmwasserversorgung, Haushaltsmaschinen, ja jeglichen Komfort lehnte er ab, da sie Neuerungen seien, die Strafe bedeuten. *Das sind Auflehnungen gegen Gottes Gebot,* und er vergißt nicht, in diesem Zusammenhang das Bibelzitat vom Brot, das im Schweiße des Angesichts gegessen wird, zu erwähnen.

Die Komplexität des Webernschen Persönlichkeitsbildes findet ihren Reflex in seiner Musik. Insofern gibt es keinen Bruch in der menschlich-künstlerischen Gesamterscheinung. Webern gibt sich gewissermaßen als die Inkarnation dessen, was er komponieren wollte. Wohl nur ein Mensch wie er konnte einen derartigen musikalischen Stil entwikkeln und zu einer Ausdruckskunst, wie sie im Rahmen dieser Technik so spezifisch nie wieder erreicht worden ist, steigern und persönlichkeitsgebunden hinstellen.

Das Moment des Heroischen eignet der Musik Mahlers gewiß mehr als der Weberns. Als heroisch muß man indes auch bei ihm den Willen zu einer Musik bezeichnen, die in ihrer fragilen Gebärde wie in der befremdend konzentrierten Kürze so staunenerregend war wie die Mahlers dank ihrer ausladenden Weite und stachligen Opulenz.

Ein solcher Heroismus bedarf auf der anderen Seite gewisser Kompensationen, die Webern mittels Charakter und Wesensart aufbringen mußte, zumal Ableitungsmöglichkeiten nach außen, etwa auf gesellschaftlicher Ebene, für ihn nicht existierten. Wer wollte damals etwas von seinen musikalischen Intentionen wissen, welchem Theaterintendanten, der ihn mit Operetten-Dirigaten beschäftigte, hätte er mit seiner Quartett-Partitur op. 5 imponieren können? So half ihm nur Abschirmung, die ihm nicht selten auch noch mißlang. Als Ausweg blieb in solchen Fällen einzig die Flucht, und Webern hat sich allen festen Kapellmeister-Anstellungen durch Flucht oder Quasi-Flucht entzogen. Seine Neigung, in solchen Situationen Krankheit vorzuschützen, war ihm ein Mittel zum Zweck. Und auch dies ist nur die halbe Wahrheit. Denn obgleich Webern nicht von robuster Konstitution war, läßt sich bei ihm doch keine eigentliche Krankheit nachweisen. Sein subjektives Empfinden, krank zu sein, war sicherlich nicht gespielt, da es zweifellos einer psychischen Labilität entsprang, die zeitweise ernste Krisen nach sich zog. Diese Krisen wuchsen, wenn finanzielle Unsicherheiten im Hintergrund standen oder Gewissenskonflikte zwischen der Pflicht zum Broterwerb und dem oft explosiven Drang zum Komponieren ihn hin- und herzerrten. Bedenken muß man in diesem Zusammenhang auch, daß Webern pekuniär sein Leben lang abhängig gewesen ist, zunächst vom Vater, dann von den Schwiegereltern, zeitweilig von seinem Verlag, der ihm relativ wenig zugeschossen hat, und nach 1938 von seinem Schwiegersohn Waller, wie Amalie Waller im Gespräch verlauten ließ. Diese Zuwendungen mußten Webern zumindest vor sich selbst zu dem Eingeständnis zwingen, aus eigener Kraft nicht zu ausreichend Geld kommen zu können. Wie er das psychisch bewältigt hat, kann man nur vermuten.

Am Ende dieser nicht durch Analysen, sondern höchstens durch Analogieschlüsse einigermaßen präzis zu bezeichnenden Gemütszustände mag als Befund allenfalls eine Neurose stehen, die bei ihm vielleicht nicht im Sinne einer zu behandelnden Krankheit zu sehen ist. Webern dürfte ziemlich regelmäßig unter den Auswirkungen von länger anhaltenden oder kürzer währenden Stress-Situationen gelitten haben. Anlässe dafür waren genug vorhanden, etwa der chronische Geldmangel oder Lampenfieber, das sich bei Konzertdirigaten in späteren Jahren so stark auswirkte, daß es Webern oft, wie Amalie Waller erzählt hat, tagelang ins Bett zwang. 1925 hatte er an Berg geschrieben, es sei ihm fürchterlich, seinen Namen auf Plakaten zu sehen: *Man soll mich nicht nennen als Dirigenten.*

Auch für Weberns in der Barcelona-Angelegenheit demonstriertes Verhalten gibt es keine rational nachvollziehbaren Gründe. Hier dürfte letzten Endes doch der Tod Bergs für seine psychisch bedingte Reaktion ausschlaggebend gewesen sein, da dieser Tod nach Schönbergs Emigration, für ihn sehr klar voraussehbar, den Verlust des letzten ihn in seiner Musik verstehenden Menschen bedeutete. So wird seine anfängliche Bereitschaft, die Uraufführung von Bergs Violinkonzert zu dirigieren, einer lähmenden Erstarrung Platz gemacht haben, als er sich des Ausmaßes seiner ihm bevorstehenden Vereinsamung als Künstler im avantgardefeindlichen Wien bewußt wurde. Und in dieser Situation hat er dann auch als Praktiker versagt. Die Idee im Hintergrund, das Konzert ohnehin abzusagen, mag es bei ihm an der nötigen Vorbereitung gefehlt haben. Wie hätte sich sonst der Eindruck von Hilflosigkeit, von Unvorbereitetsein auf den Proben in Barcelona ausbreiten können.[191] Zumal bezeugt wird, wie sorgsam sich Webern im Normalfall zu präparieren pflegte. Daß er sich dann zu der Barcelona-Reise doch noch überreden ließ, ist nur seiner Gutmütigkeit, ja seiner Schwäche zuzuschreiben. Sich klarzumachen, daß er durch sein Verhalten die Uraufführung gefährdete, dazu war er wiederum zu naiv. Wenn er hinterher behauptete, er habe die Aufführungen gerettet, weil er nicht erst nach der Generalprobe abgesagt habe, so kann das bei Webern nicht als Boshaftigkeit oder Sarkasmus interpretiert werden. Es ist der Simplifikationsversuch eines Neurotikers, der sich seiner Schwäche und damit einer Schuld bewußt geworden war und nun versuchte, sich einigermaßen glaubhaft herauszureden.

Gutmütigkeit, Schwäche und Naivität sind Faktoren, die ebenfalls zur Verschlossenheit Weberns zu rechnen sind und letztlich alle aus einer einfachen Lebenshaltung und -einstellung resultieren. Dabei war Webern alles andere als ein Mensch für das sogenannte einfache Leben, für das ihm Kernigkeit, Widerstandskraft und jenes angeborene Durchsetzungsvermögen abgingen, das manchmal mit entwaffnender Rücksichtslosigkeit erzwungen werden muß. Das besaß der robustere und taktischer eingestellte Schönberg, einer der wenigen Menschen, vielleicht der einzige, dem Webern blind vertraute, mit dem ihn eine Art Vater-Sohn-Verhältnis verband[192], den er als personifiziertes Ideal in jeder Beziehung betrachtete. Alma Mahlers Behauptung, Schönberg habe Werfel und ihr geklagt, wieviel Kraft es ihn koste, sich Weberns gefährlichem Einfluß, unter dem er leide, zu entziehen[193], kann kaum ernst genommen werden.

Menschen wie Webern, labil und leicht umzustimmen, schnell zu kränken und schnell wieder zu versöhnen, aufbrausend, anhänglich, ja ergeben, dabei gut und unegoistisch bis zur Selbstverleugnung – kurz:

*Arnold
Schönberg*

formbare und dabei integre Persönlichkeiten brauchte Schönberg für sich, wobei ihm wahrscheinlich eine Art von Jüngergefolgschaft, nicht nur bei Webern, vorgeschwebt hat, wie sie ihm vom George-Kreis bekannt gewesen sein wird.

Selbstentäußerung bis zu einem gewissen Grad gehörte bei Webern, als Kompensation für seine Verschlossenheit, wenn man es so sagen will, mit zum Lebensprinzip. Daß er sie aus Gutherzigkeit übte, ist die Legitimation nach außen. In mancher Hinsicht liegt hier auch die Wurzel für seine Begeisterungsfähigkeit gegenüber dem, was von anderen kam oder ihnen zugeführt werden mußte.

Anton Weberns Leben und Wirken war alles in allem von Irrationalität bestimmt. Das verlieh seinem Lebensstil den Anstrich von Hilflosigkeit. Im häuslichen Bereich wurde diese Schwäche durch seine praktisch und sachbezogen denkende Frau ausgeglichen. Minna Webern war die Seele der Familie und ihres harmonischen Zusammenlebens und hielt alle Schwierigkeiten und Störungen von ihrem Mann fern. Sie hat die Lebensfremdheit ihres Mannes erkannt und angemessen auf sie reagiert.

Kontinuität gewann Weberns Leben erst, als er sich entschlossen hatte, endgültig in der Nähe von Wien seßhaft zu werden. Mit ausschlag-

85

gebend für seine kompositorische Fruchtbarkeit und für seine Anerkennung als Dirigent war die Tatsache, daß die Familie in Mödling und später in Maria-Enzersdorf wohnte. Webern nahm dadurch zwar beschwerliche Fahrten nach Wien zu Proben, Konzerten, Unterrichtsstunden und anderen Geschäften auf sich, gewann dort draußen aber Ruhe zum Arbeiten und fühlte sich der Natur näher. Ursprünglich steckte hinter dem Entschluß, nach Mödling zu ziehen, wieder Schönberg, der ebenfalls dort lebte und seinen Zirkel um sich versammelte. Nachdem Schönberg nach Berlin gegangen war, liebäugelte auch Webern erneut mit Berlin, ohne dort die geringsten Aussichten auf Beschäftigung zu haben. Schönbergs Einfluß auf ihn wird bis in solche Details evident. Nichts faßt das besser zusammen als ein Briefzitat an Berg aus dem Jahre 1912: *Ich sehne mich nach einer glücklichen Zeit, das ist eine, in der es Schönberg gut geht.*

Obwohl Webern ab 1922 mit Arbeit ausgelastet war, erbrachte diese Arbeit nur das Nötigste zum Leben. Hans Swarowsky, der ab 1920 mit dem Komponisten in Verbindung stand und ihm für die Arbeit mit dem Mödlinger Männerchor korrepetierte, spricht heute in seiner Erinnerung von einem armen Haushalt der Weberns. Blieb er zum Essen, so stand meist Heidensterz, eine billige Mehlspeise, auf dem Tisch. Im Grunde sei es ein elendes Leben gewesen, das Webern führte und mit Hilfe von Stundengeben fristete, meint er rückschauend im Vergleich mit der hohen Geistigkeit des Komponisten. Es paßt zu Weberns Verschlossenheit, daß er nie über seine pekuniäre Situation gesprochen hat. Zwar bat er Hertzka um ein Fixum und später um dessen Weiterzahlung, was bei einem Komponisten wie ihm heute selbstverständlich ist. Claycombe [194] beispielsweise ahnte jedoch nichts von seiner Lage und versichert, er und andere amerikanische Schüler, die er zu Webern gebracht hatte, würden ihm geholfen haben, wenn sie gewußt hätten, wie es um ihn stand – eine heute reichlich utopisch anmutende Aussage.

Auch die beiden Wiener Töchter erzählen von einem ausgesprochen reduzierten Lebensstil in Mödling und Maria-Enzersdorf: es habe ihnen als Kindern dennoch nie an etwas gemangelt, was jedoch auf das ökonomische Talent der Mutter zurückzuführen gewesen sei, die beide Töchter als tüchtig, ja als ein Rechengenie, was die genaue Einteilung des Vorhandenen betrifft, bezeichnen, während Webern selbst finanziellen Dingen hilflos und desinteressiert gegenübergestanden hätte. Amalie Waller erinnert sich an sorgenvolle Tischgespräche über den Kampf ums tägliche Dasein. In welchem Umfang gespart wurde, hat sich Maria Halbich daran eingeprägt, daß Minna Webern ihrem Mann Notenblätter mit rupfenem Leinen zu Heften zusammenstellte. Daraus kann man schließen, daß sogar an selbstverständlichen, zu Weberns Handwerkszeug gehörenden Dingen gespart wurde. Zu schweigen von einem Telefonanschluß, den sich Webern nicht leistete. Diesem Umstand verdanken wir den regen Briefwechsel mit Berg in Wien und den Humpliks in Purkersdorf bei Wien.

Minna Webern hat im Leben ihres Mannes wie der ganzen Familie eine zentrale Rolle gespielt, obgleich sie im Gegensatz zu Gertrud Schönberg, Helene Berg und anderen Komponistenfrauen nie augenfällig oder gar spektakulär in Erscheinung getreten ist. Allein wegen ihrer vier Kin-

Hans
Swarowsky

der war es ihr anfangs verwehrt, sich für länger von zu Hause zu ent-
fernen und ihren Mann womöglich auf Reisen nach London, Barcelona
oder in die Schweiz zu begleiten. Vor allem wären solche Unternehmun-
gen, früher oder später, an den engen finanziellen Möglichkeiten gescheitert.

Für Minna Webern war die Heirat mit ihrem Vetter äußerlich nicht
attraktiv gewesen. Zudem erwartete sie bald das erste Kind, das schon
zwei Monate nach der Hochzeit zur Welt kam. Die Behörden hatten wegen der verwandtschaftlichen Beziehungen der Brautleute ihre Zustimmung zu der geplanten Heirat so weit hinausgeschoben. Danach begann
für Minna Webern ein Leben an der Seite eines geliebten Mannes, dessen hohes Streben als Dirigent und als Komponist nur in einem Insider-
kreis Echo auslöste und sonst kaum verstanden wurde. Ökonomische
Engpässe waren die Folge. Unglücklicherweise wurde der Webernsche
Preglhof verkauft, und sowohl Carl von Webern als auch die Familie
Mörtl büßten ihr Vermögen in der Inflation ein. So versiegten diese
Quellen nach dem Ersten Weltkrieg auch für Anton Webern und seine
Familie.

Für die Weberns begann damit ein Leben in «einfacher Anständigkeit
und zu ebener Erde»[195], ohne auffallende Züge nach außen und dennoch
ungemein tapfer geführt, auf die nicht vorhersehbare, unsinnige Kata-
strophe in Mittersill zu.

Man hat oft gefragt, ob Minna Webern musikalisch gewesen ist und
den Kompositionen Weberns Verständnis entgegengebracht hat. Josef Hueber schildert sie als musikinteressiert und -verständig. Auch habe sie sich nie negativ über die Musik ihres Mannes geäußert. Die Töchter wissen, daß Webern seiner Frau Kompositionen zeigte, bevor andere
sie kennenlernten. Die Kinder waren dagegen strikt aus den beruflichen

87

Problemen des Vaters ausgeschlossen. Sie merkten nichts von seiner Arbeit, erlebten ihn aber regelmäßig als Dirigenten. Wurden sie von Mitschülern nach Kompositionen ihres Vaters befragt, so genierten sie sich wohl auch.[196] Ein tieferes musikalisches Verständnis Minna Weberns läßt sich demnach nicht nachweisen. Von den beiden Wiener Töchtern hat Maria Halbich den genuineren Zugang zum Schaffen ihres Vaters gefunden, während Amalie Waller von der Jugendkomposition *Im Sommerwind* her noch 1973 eine gewisse Genugtuung empfand, daß Webern «auch anders» komponieren konnte.

Anton Webern war, wie Swarowsky sagt, ein Mensch ohne Bedürfnisse. Seinen Zigarrenkonsum deckte vielfach Swarowsky und im Krieg Hueber. Die beiden Wohnungen in Mödling und Maria-Enzersdorf entbehrten jeden Komforts, wurden aber als ausreichend empfunden, besonders wohl von Webern selbst, der stets ein abgeschlossenes und von der Familie isoliertes Arbeitszimmer hatte. Dieses war in allen Wohnungen mit seinen Möbeln in gleicher Weise eingerichtet. So erhielt er sich seine Umgebung unverändert, was für ihn nötig zu sein schien, um sich optimale Arbeitsbedingungen zu schaffen. In der letzten Wohnung, in Maria-Enzersdorf, bewohnte die Familie die erste Etage und Räume im Dachgeschoß. Weberns Arbeitszimmer lag nach hinten zum Garten hinaus, den Webern nahezu wissenschaftlich planvoll mit Blumen und Ziersträuchern bepflanzte. *Gern hätte ich Ihnen in den letzten Wochen mei-*

Webern und Josef Hueber auf einer Bergtour

nen Garten gezeigt. *Vieles war besonders schön heuer! Jetzt wirkt sich erst aus, was ich offenbar doch richtig überlegt hatte. Mit einem Wort, nun ist der Garten erst richtig voll! Kaum mehr ein toter Punkt. Und ich glaube fürs ganze Jahr! Nicht bloß für die hier günstige Zeit. Ich habe es dem Klima und Boden abgerungen ... Verstehn Sie: so fühle ich mich heimatlich,* schreibt er am 5. Juni 1941 an Hueber, dem er in seinen Briefen regelmäßig über den Wachstumsstand in seinem Garten berichtete. Hier investierte er auch gelegentlich Geld, beispielsweise ließ er sich Pflanzen aus Potsdam schicken.

Der Garten bedeutete für Webern ebenso Lebensnotwendigkeit wie die Bergtouren, die er anfangs mit Vetter Diez, später mit Zenk und seltener mit Hueber unternahm. Darin manifestiert sich seine Natursehnsucht und -verbundenheit, dem wohl einzigen Drang in seinem Leben, dem er nachgab, wenngleich er auch ihm nur maßvoll und seinen Mitteln entsprechend gefrönt hat. Man hat nie von einer Tierliebe Weberns gehört. In der Flora kannte er sich dagegen aus, und die Beschäftigung mit Pflanzen regte ihn zu tiefen Betrachtungen über die Zusammenhänge von Natur und Kunst an. So schrieb er am 1. August 1919 an Berg: *Ich war am Hochschwab. Es war herrlich, weil mir das nicht Sport ist, nicht Vergnügen, sondern ganz was anderes: Suchen von Höchstem, Auffinden von Korrespondenzen in der Natur für alles das, was mir vorbildlich ist, was ich gerne in mir haben möchte ... Nicht die schöne Landschaft, die schönen Blumen im üblichen romantischen Sinne bewegen mich. Mein Motiv: der tiefe, unergründliche, unausschöpfbare Sinn in allen diesen, besonders diesen Äußerungen der Natur. Alle Natur ist mir wert,*

*aber die, welche sich dort «oben» äußert, am wertesten. Ich möchte zu-
nächst vordringen in der rein realen Erkenntnis aller dieser Erscheinungen ... Diese Realität enthält alle Wunder. Forschen, beobachten in der
realen Natur ist mir höchste Metaphysik, Theosophie. Eine Pflanze
«Wintergrün» lernte ich kennen ... kaum wahrnehmbar. Aber dieser
balsamische Duft. Dieser Duft! Er schließt für mich alles ein an Zart-
heit, Bewegung, Tiefe, Reinheit.*[197]

Die Töchter erinnern sich, daß Webern kaum je von einem Ausflug
zurückkehrte, ohne seltene Pflanzen mitzubringen, die er weiterzuzie-
hen versuchte. Die Entwicklung des Lebens in diesem Bereich war ihm
gleichbedeutend mit der Entstehung künstlerischer Produkte.

Weberns Naturliebe und -verbundenheit waren, wie man sieht, unge-
wöhnlich ausgeprägt und geeignet, ihn, der alles andere als ein natur-
burschenhafter Typ war, in seiner Intellektualität auf das Maß des Na-
turgegebenen zurückzubringen. Aus hier zum Teil zitierten Äußerungen
geht hervor, daß Webern Natur nicht als Wunder, sondern als den le-
bendigen Reflex kreatürlichen Seins und der ihm zugrunde liegenden
Gesetzmäßigkeiten verstanden hat. Cesar Bresgen hat in Hansjörg Paulis Webern-Film einleuchtend gesagt, der Komponist habe Landschaft
meditativ gesehen. Das darf nicht mißverstanden werden als ein indivi-
duell-disziplinärer Vorgang. Auf jeden Fall hat sein Hang zur Natur eine Verbundenheit mit dem Natürlichen, Schlichten, Uneitlen zur Folge
gehabt. Das spiegelt seine Musik, die er, obgleich sie intellektuell und
kombinatorisch gebaut ist, stets als Naturgegebenheit verstanden wissen
wollte. Die Komponente Natur hatte für Anton Webern etwas Schaf-
fens- und damit Lebensbestimmendes. Kunst war für ihn zweite Natur.

Webern und Ludwig Zenk, 1937

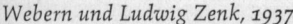

Weberns politisches Engagement und seine religiöse Haltung geben uns heute fast unlösbare Rätsel auf. Aber gerade deshalb darf dieser Komplex nicht unterschlagen werden. Max Deutsch hat bezeugt [198], daß Webern sich bekreuzigte, bevor er zu komponieren begann, und oft auf einem Betschemel in seinem Arbeitszimmer im Gebet niedergesunken sei, wenn die Arbeit stockte. Diese Aussage ist in den letzten beiden Jahrzehnten oft übernommen worden. Die Töchter des Komponisten widersprechen ihr. Beide wissen nichts von der Existenz eines Betschemels in ihrem Elternhaus. Außerdem argumentieren sie einleuchtend, daß Webern anderen gegenüber nie über seine Gebetsgepflogenheiten berichtet haben würde, geschweige denn dabei hätte beobachtet werden können. Webern war kein praktizierender Katholik, er besuchte weder Messe noch Beichte. Und seine Kirchgänge in Mittersill, die Bresgen erwähnt [199], werden von niemandem bestätigt.

Weberns Religiosität dürfte sich aus Natur-Phänomenen abgeleitet haben. In diesem Sinne mag der Komponist sogar fromm gewesen sein in seinem Respekt vor allem Naturgeprägten. Alles in allem wird er bei diesen Fragen betont liberal verfahren sein. In seiner Tendenz zum Freidenkertum haben ihn schon nach 1902 die Schriften des Berliner Religionsphilosophen, Sozialisten und Pantheisten Bruno Wille (1860–1928) bestärkt. Später wurde ihm Goethes Denkhaltung, nicht zuletzt durch die fortwährende Beschäftigung mit dessen philosophischen und naturwissenschaftlichen Arbeiten, zu eigen, worin ihn noch Hildegard Jone beeinflußte, so daß man auch Weberns Religiosität als eine Gotteswissenschaft, einen Pantheismus säkularisierter Art bezeichnen kann. Webern war stets bestrebt, Weltliches und Christliches geistig zu integrieren, und es scheint nicht ganz falsch, Weberns Religiosität als heidnisch zu bezeichnen, wie Hueber das im persönlichen Gespräch getan hat. Nicht daß Webern Götzen als Gott-Ersatz verehrte, wohl aber Naturphänomene als die Inkarnation einer Religiosität, einer Bindung an metaphysische und nur im Glaubensvorgang greifbare Wesen betrachtete.

Viel komplizierter ist es, Anton Weberns Einstellung zur Politik zu rekonstruieren. Trauneck behauptet, Webern sei wie Schönberg – von letzterem bestätigt es Stuckenschmidt [200] – Monarchist gewesen, was beiden oft schallendes Gelächter aus dem Schülerkreis eingetragen habe. Weberns zunächst fanatischer Wunsch, am Ersten Weltkrieg aktiv teilzunehmen, wird hier seine Wurzeln haben. Aber auch noch in der Zeit, als Webern den Mödlinger Männergesangverein dirigierte, hat er gern Anekdoten aus seiner Soldatenzeit zum besten gegeben.

Ob Webern wirklich ein «überzeugter Sozialist» [201] gewesen ist und inwieweit diese politische Einstellung mit seiner religiösen in Einklang gebracht werden kann – etwa in Form eines christlichen Sozialismus, wie gelegentlich geschehen –, läßt sich nicht sicher beantworten. Es bleibt ein spekulativer Ansatz, daß sich Webern nach dem Ersten Weltkrieg und unter dem Eindruck von Inflation und allgemeiner Unsicherheit zur Sozialdemokratie hin orientiert haben könnte und vielleicht aus diesem Grund seine Verpflichtung als Chormeister der Kunststelle und Leiter der Arbeiter-Symphonie-Konzerte erfolgt wäre.

Ernst Křenek schließt diese mögliche Neuorientierung Weberns als zweckgebunden nicht aus, zumal ihm die Kunststelle zum erstenmal und als einzige Institution in Wien Gelegenheit bot, sich als Dirigent Aufgaben zu widmen, die ihn wirklich interessierten. Auch Weberns Schüler Roberto Gerhard ist sich unklar über den Grad von Weberns sozialistischem Engagement.[202] Maria Halbich erinnert sich, daß viel mehr als ihr Vater ihre Mutter mit den Zielen der Sozialdemokratie sympathisierte und daß sie, die betont unkirchlich war, auch aktiv an Mai-Aufzügen teilgenommen hat.

Natürlich wird sich Webern in dieser Zeit mit den Prinzipien der Sozialdemokratie, vielleicht auch des Sozialismus vertraut gemacht haben. Einer politischen Partei hat er jedoch jetzt wie auch später nie angehört. Pauli resümiert denn auch: «Ein Sozialist war er deswegen noch lange nicht. Seine Überzeugung, daß es wichtig sei, künstlerische Leistungen nicht nur dem Bürgertum vorzubehalten, sondern auch an die Arbeiterklasse heranzutragen, erklärt sich eher aus seinem Humanismus und aus seiner eigentümlich gelagerten Form von Volksverbundenheit.»[203] Als die Sozialdemokratie 1934 verboten wurde, bedeutete das für Webern in seiner Arbeit einen schweren Rückschlag. Aber schon vorher war sein Verhalten ambivalent gewesen. Auf der einen Seite Angestellter der sozialdemokratischen Partei-Kunststelle, war er auf der anderen Mitglied im «Alpenverein» und der «Südmark», wie Pauli schreibt. Das waren national ausgerichtete, deutschfreundliche Organisationen, die beim Aufstand gegen das Dollfuß-Regime 1934 gegen die Arbeiter kämpften. Aber Webern wurde ja, wie viele überliefern, in seinem Bewußtsein ohnehin von nationalem Gedankengut beherrscht, so daß er hier keinen Widerspruch gesehen haben wird.

Weberns Einstellung zum Nationalsozialismus kann man nicht isoliert als politische Haltung sehen. Irritierend ist in diesem Zusammenhang Schönbergs hartes und zweifellos allzu pauschales Scheltwort vom Nazi-Webern. Er soll es von Amerika aus jemandem geschrieben haben; ein solcher Brief ist heute jedoch nicht mehr greifbar. Josef Hueber berichtet, daß es damals, um 1939 herum, in Wien die Runde gemacht hat. Rudolf Kolisch bezeichnet Webern heute aus der Erinnerung in Paulis Webern-Film als einen apolitischen Menschen, räumt aber ein, daß er durch Andersdenkende beeinflußbar gewesen sei. Die meisten Weggefährten von damals, die man heute um eine Stellungnahme bittet, stellen Sympathien für die Nazis bei Webern strikt in Abrede.

Webern selbst hat eine entsprechende Bemerkung in seinen Vorträgen[204] gemacht mit ausdrücklicher Namensnennung Hitlers, Görings und Goebbels' und hinzugefügt, daß man als ernster Künstler nicht weit davon entfernt sei, ins Gefängnis zu kommen. Pauli schließt allerdings völlig zutreffend, daß diese Äußerung Weberns vom März 1933 unter dem Eindruck von Schönbergs Entlassung aus der Preußischen Akademie der Künste in Berlin zustande gekommen ist.[205] Sie ist also auch emotional bedingt. Die Sängerin Klara Kwartin, die mit dem Komponisten 1926 in Donaueschingen dessen *Trakl-Lieder* op. 16 uraufgeführt hat und heute in New York lebt, kann sich vorstellen, daß Webern gegen-

Josef Hueber

über den Nazis allenfalls pro forma und zeitweilig eine positive Position bezogen haben könnte.²⁰⁶

Der heute in Moskau lebende Komponist Philipp Herschkowitz war von Februar 1934 bis September 1939 Weberns Schüler in Wien, kennt ihn also aus der Zeit des Umbruchs nach dem Dollfuß-Aufstand und während des Anschlusses Österreichs ans damalige deutsche Reich. Er schrieb mir auf meine Anfrage, daß Webern ihn, den mittellosen Juden, unentgeltlich unterrichtet hat, obwohl er in dieser Zeit auf jeden Pfennig angewiesen war. Herschkowitz schildert auf der anderen Seite äußerst plastisch die damaligen Verhältnisse in Wien: «Wer im damaligen Wien gelebt hat, hat eine lückenlose Vorstellung davon, was in Alltag umgesetzter Surrealismus bedeuten kann. Für Tausende war in dieser Stadt der Hunger zur Anti-Lebensbedingung geworden. Man lächelte öfter als man aß. Man versuchte, aus dem als Rohstoff dienenden Lächeln die fehlenden Vitamine zu gewinnen.»

Webern hatte zu dieser Zeit den Tiefpunkt seiner ökonomischen Lebensbedingungen erreicht. Zudem litt er unter den deprimierenden Verhältnissen der dreißiger Jahre in Österreich, wo Korruption und ein allgemeiner moralischer Verfall die Oberhand gewonnen hatten. Nimmt man nun noch Weberns relativ hemmungslose Bewunderung für alles Deutsche hinzu, wovon Ernst Křenek erzählt, eine Bewunderung, die so weit ging, daß er Berlin höher schätzte als Wien und später schrieb, er

Philipp Herschkowitz

sei in Zürich dem Konsul seiner Heimat, nämlich dem deutschen begegnet [207], dann können wir aus Weberns enger apolitischer und subjektiver Sicht verstehen, daß er sich eine reinigende Wirkung auf die unerträglichen Verhältnisse versprechen mochte, wenn das Hitler-Regime auch in Österreich die Macht übernahm.

Hans Swarowsky glaubt, Webern habe dem nazistischen Wirtschaftssystem zum Guten seiner eigenen Person und seines Landes positive Seiten abgewinnen wollen. So sieht es auch Erwin Ratz, der selbst viele Juden und Naziverfolgte, unter ihnen Polnauer, im Keller seines Hauses versteckt gehalten hat und auf jeden Fall unverdächtig ist. Swarowsky erzählt eine anekdotenhaft anmutende Begebenheit aus den dreißiger Jahren. Sein Vetter Ludwig Zenk, später idealistisch gesonnener Nationalsozialist, hatte einmal im Beisein Weberns und Swarowskys eine Ware, die ihm geringfügig zu hoch eingewogen worden war, in den betreffenden Laden zurückgebracht. Diesen Zug von Ehrlichkeit und Offenheit versprachen sich Webern, Zenk und andere auf breiter Ebene ausgerechnet vom Hitler-Regime, dessen Konsequenzen sie nicht abzuschätzen vermochten.

Maria Halbich erinnert sich, daß ihre Mutter stets vor Hitler gewarnt hat. Webern aber ließ sich von den sozialen Scheinleistungen der Nazis blenden. Darin war er kein Einzelfall. Karl Kraus, Gottfried Benn, Emil

Ludwig Zenk

Nolde und andere schwankten in der Anfangsphase der Nazis nicht anders als Webern. Er sah erwartungsvoll einer Entwicklung entgegen, von der er eines sicher wußte: daß sie ihn und seine Musik überrollen würde. Während des Hitler-Einmarsches 1938 in Österreich wollte er denn auch nicht gestört werden, wie er an die Humpliks schrieb. Mit intensiver kompositorischer Arbeit lenkte er sich ab. Diese Haltung verrät Unsicherheit ebenso wie Unentschlossenheit.

Sehr merkwürdige, ja bewegende Dokumente sind die an Josef Hueber gerichteten Briefe Weberns, die auf geradezu tragische Weise das Bild eines naiven, politisierenden Dilettanten enthüllen. In ihnen riskiert er unglaubliche politische und militärisch-strategische Spekulationen. Im Mai 1940 fordert er den Freund auf, ihm doch genauer seine Eindrücke von der Front mitzuteilen: *Ihre Ausführungen ... haben mich außerordentlich interessiert. Einiges davon geradezu aufgeregt. Das waren für mich enorm wichtige Beiträge: das liegt ja alles auf der Linie dessen, das ich erwarten möchte und das auch zu erwarten ist. Es paßt genau in das Bild, das ich mir mache. Und geht es nicht mit Riesenschritten vorwärts?! (Diese letzten Ergebnisse! Großartig!) Aber nicht nur der äußere Process! Auch der innere! Es ist erhebend!* Dann schildert er einen Kulturfilm «Nur ein Tümpel», den er sich angesehen hatte. Hansjörg Pauli hat ihn ausgegraben und einen Ausschnitt in seinem Webern-Film ge-

95

zeigt. Ein abgelegener See ist zu sehen, eine leicht schummerige, fast einschläfernde Musik (Ludwig Kusche) erklingt dazu, und eine sonore Männerstimme schildert das Natur-Mysterium. Allein die Tatsache, daß Natur im Mittelpunkt der Betrachtung stand, nahm Webern sofort für diesen gewiß harmlosen Film ein, machte ihn kritiklos und stimulierte ihn zu der naiv-illusionären Schlußfolgerung: *Wenn dieses «Publikum» nicht ganz verstockt ist, so müßte doch ein solcher Abend auf die Leute von läuternder Wirkung sein.* Und weiter heißt es: *Nun, wir haben ja so oft darüber gesprochen. Und es erfüllt sich schon, z. T. so schön, was ich mir in dieser Hinsicht erwarte. Und so wäre noch Einiges zu nennen, das auf ein Fortschreiten in der inneren R e i n i g u n g absolut hinweist. Da ist heute Deutschland. Aber eben das n a t i o n a l s o z i a l i s t i s c h e!!! Nicht irgend eines! Das ist eben der n e u e Staat, zu dem die Saat vor nun mehr 20 Jahren gelegt worden ist. Ja ein n e u e r S t a a t i s t e s, wie er noch niemals bestanden hat! Ein N e u e s i s t e s! Geschaffen von diesem einzigen Manne!!! Sehn Sie, Sie spüren meine Sorge: man könnte als selbstverständlich (schließlich) nehmen, was so e i n m a l i g entstand, was eben nur d i e s e r N a t u r entspringen konnte, diesen E i n m a l i g e n zum Urheber hat.*

An anderer Stelle entdeckt Webern Korrespondenzen zwischen Stefan George und den Idealen des Nazi-Regimes. Anfang 1941 wünscht er sich eine rasche und baldige Auflösung aller Übel, im Februar, daß *dieses Allgemeine* gelingt. Hueber erläutert das dahingehend, daß sich Webern eine geänderte Haltung der Nazis zum Thema «Entartete Kunst» erhoffte, außerdem einen Frieden für die ganze Welt, und sei es durch den Sieg Deutschlands.

Ende des Jahres setzt Webern in seinem Weihnachtsbrief an Hueber nach dem Kriegseintritt Japans auf die grundlegende, entscheidende Wendung: *Denn wer weiß, was von diesem Volk noch alles ausgehen wird! Ich muß sagen, dieser Gedanke erfüllt mich mit ganz besonderer Zuversicht. Denn, so wie ich es mir vorstelle, erscheint es mir – das japanische Volk – als ein g a n z g e s u n d e r Stamm! Durch und durch! Zieht da nicht Neues herauf? Aus u n b e s c h ä d i g t e m, uraltem Grund!* Und sechs Zeilen weiter: *Nur noch wenige Tage, und wieder beginnt es sich zu rühren – die große Wende in der Natur, die ich jährlich eindringlicher empfinde. Wie wunderbar!*

Später hat Webern nur den Gedanken, daß ein geeintes Europa mit vereinten Kräften gegen Rußland siegen könnte, *jene allein schuldige Macht.*

Abstrahiert man die inkompetenten Laienvorstellungen und vordergründiges, unverständliches Geschwärme eines Apolitischen, so sind Sympathien Weberns für die deutschen Okkupanten – die persönlichen Gründe einmal ausgeklammert – nicht zu leugnen. Swarowsky erinnert sich dagegen an Briefe, die ihn in der Schweiz erreichten und voller Anwürfe gegen die Nazis waren, so daß man um Webern habe fürchten müssen. Vor Stuckenschmidt [208] und Dallapiccola hat Webern 1942 erklärt, er könne eine ihm vom Regime Baldur von Schirachs angebotene Professur nicht akzeptieren, da er sich zu Schönberg bekenne. Und während seiner Besuche in der Schweiz, noch während des Krieges, hat er im Hause Reinhart offen gegen Hitler geschimpft, wie Swarowsky weiß. Das hielt ihn jedoch nicht davon ab, seine Reisen nach Barcelona 1936 und noch 1943 in die Schweiz über Deutschland zu nehmen.[209]

Die Einschätzung des politischen beziehungsweise apolitischen Menschen Anton Webern ist auf Grund so divergenter Zeugnisse kompliziert. Die Briefe an Hueber dürfen nicht verharmlost werden. Aber ihrer sachlichen, emotionslosen Interpretation steht nichts im Wege, und diese müßte im Ergebnis wohl lauten, daß es sich hier um eine einmalige Stellungnahme des Komponisten zu politischen Themen in so konkreter Form handelt. Webern war gewiß kein Nazi, wie Schönberg fürchtete. In dieses Bild würden einige wichtige Details nicht passen wie das völlige Fehlen antisemitischer Tendenzen bei Webern. Sicher war er dagegen von Erziehung und Herkunft nationalistisch in seinem Denken ausgerichtet. Auch war ihm der Glaube an Größe, Würde und geistige Macht eines Menschen nicht fremd. Das dokumentiert sein Verhältnis zu Schönberg, seine monarchistische Phase bis 1918, und daher wird auch seine Beeindruckung von Hitler rühren. Außerdem war Webern ein Verfechter von Reinheit, Lauterkeit, Moral, die er sich von einer neuen politischen Entwicklung für Österreich erhoffte. Was seine Einstellung zu Hitler anlangte, so wird man sie sich weder grundlegend noch kritisch vorstellen dürfen, sondern gedankenlos, was nicht beschönigt werden soll – haben doch Gedanken- und Bedenkenlosigkeit das faschistische Regime in Deutschland überhaupt erst ermöglicht.

Anton Webern war also in dieser Situation ein Mitläufer wie Millionen andere, ein naiver Eiferer mit seiner eigenen Philosophie. Gewalt war ihm ebenso fremd wie Diffamierung. Aber einen Glauben an hierarchische Abstufungen und – damit verbunden – eine Hörigkeit und ein unreflektiertes Obrigkeits-Vertrauen kann man bei ihm nicht ausschließen.

Philipp Herschkowitz fuhr, wie er mir geschrieben hat, am 4. oder 5. September 1939 nach Maria-Enzersdorf, um sich von seinem Lehrer zu verabschieden. Der Krieg hatte am 1. September begonnen. Webern ging mit seinem russischen Schüler ins Haus, um ihm «noch etwas zu sagen». Herschkowitz fährt fort: «Und das, was er mir noch ‹sagen› wollte, ist zum großen Vortrag über Mozart und Wagner, über die Beziehungen ihrer Bühnenwerke geworden. Sogar sein Abschied ist Musik gewesen. Er selbst war Musik. Selbstverständlich kam er auch mit der Umwelt in Berührung. Aber eigentlich nicht anders als ein Taucher mit denen in Berührung kommt, die am Ufer bleiben. Das Ufer war nicht Weberns Element.»

Weberns Beschäftigung mit Politik war Uferberührung, aber – um im Bild zu bleiben – er kannte das Ufer nicht. Das trägt auch Josef Hueber überzeugend vor, der seine Webern-Briefe dankenswerterweise trotz ihres den Komponisten zum Teil belastenden Inhaltes nicht totschweigt. Er macht geltend, Webern habe viel zu abgekapselt gelebt, als daß er Negativa über Hitler und sein Regime erfahren haben könnte.

Moldenhauer hat im Zusammenhang mit Weberns gefallenem Sohn Peter geschrieben: «Wenn Webern selbst, wie naiv auch immer, vorübergehend an der großen Illusion teilgenommen hatte, so war er dafür bitter gestraft worden.»[210] Diese Conclusio, will sie Webern nun zum Tragiker hochstilisieren oder ihn richten, ist ungerecht und verfehlt den Sachverhalt. Webern hat ein Leben gegen permanent sich aufrichtende Widerstände führen müssen, so daß uns Schwächen in der Konsequenz seiner Haltung nicht verwundern dürfen. Den Tod des Sohnes, unter dem der Komponist unsagbar gelitten hat, als Quittung für seine Fehleinschätzung politischer Verhältnisse und Entwicklungen heranzuziehen, ist unbillig.

DER KÜNSTLER

Anton Webern war ein gebildeter Künstler. Das betraf nicht nur sein Fachgebiet, sondern auch sein allgemeines geistiges Niveau. Wildgans' Bemerkung [211], des Komponisten literarischer Geschmack sei weit vom Ideal einer vielseitigen und tiefen Bildung entfernt gewesen, auch habe er mit den Feinheiten der deutschen Rechtschreibung auf Kriegsfuß gestanden, entspricht nicht den Tatsachen. Weberns Briefe zeigen zwar eine relativ freie Behandlung von Satzbau und Interpunktion, nicht aber der Rechtschreibung.

Völlig falsch liegt Wildgans mit seiner Behauptung bezüglich eines angeblich fehlenden tieferen Verständnisses Weberns für Literatur. Allein die Dichterauswahl, die er für seine Vokalkompositionen traf, widerlegt das. Freilich suchte er sich die Texte nach spezifischen Aspekten aus. Da rückte der Rang des Dichters in den Hintergrund, während ihm Bedeutung und Aussagekraft des einmal gewählten Textes unabhängig vom Autor entscheidend war. Döhl meint [212], daß Webern in der Textwahl mit der Zeit immer mehr zum Schwebend-Verinnerlichten, Fließenden, zur Korrespondenz von Klang, Farbe, Licht, Raum und Zeit vorstieß und deshalb in Hildegard Jones Texten die erwünschte Verbalbasis für seine Musik fand.

Weberns Textwahl für seine Kompositionen vollzog sich trotz einiger Zeitgebundenheit im ganzen gezielt. In Hildegard Jones Lumen-Dichtung, die den Vorwurf für sein nur skizziertes Opus 32 bildete, vereinigen sich «literarische Erscheinungen und theosophische Ideologien zu einem humanitären Manifest»[213]. Strobel zählt zu Pantheismus, Anthroposophie und Schwärmerei gar metaphorischen Erotismus in den Texten von Hildegard Jone und bringt damit einen Gesichtspunkt in die Betrachtung, der dem Komponisten ferngelegen haben dürfte.[214] Weberns Interesse für Bruno Willes Romane und Schriften dürfte natur-ideologisch begründet gewesen sein. Sein Orchesterstück *Im Sommerwind* beruht auf Willes gleichnamigem Gedicht, das er in dem Roman «Offenbarungen des Wacholderbaums» von 1901 gefunden hatte.

Weberns private Beschäftigung mit Literatur war nicht auf Belletristik wie die Romane Dostojevskijs oder die Theaterstücke Strindbergs beschränkt. Er las und studierte Kant [215], die Farbenlehre und andere naturwissenschaftliche Schriften Goethes sowie dessen «Wilhelm Meister», er schätzte Peter Altenberg [216] und verehrte Karl Kraus, zu dessen Ar-

beiten er sich freilich erst hatte durchringen müssen. Dessen radikal-aggressive und pointenreiche Kulturkritik voll geschliffener Aphorismen, die den bedeutenden Schriftsteller zum gefürchteten Rezensenten in Wien machten, behagte ihm zunächst nicht, bis er auch hier sein eigenes Ideal des Reinigenden wiederfand. So schrieb er anläßlich einer Glosse von Kraus in der «Arbeiterzeitung» über das Referat eines sozialdemokratischen Reichstagsabgeordneten im Mai 1912 an Berg: *Dieser Kraus! Berufs-Satyriker! Ein Satyr sein zu wollen um jeden Preis. Höchstes Ideal. Mit Hufen und Hörnern. So schaun doch die Satyrn aus, nicht? Satyr statt Mensch! Heide statt Christ! Ich habe genug von dem Herrn. Ein Witzbold! Ein Journalist!* Diese Äußerung ist ein Spontan-Reflex und erlaubt keine Rückschlüsse auf Weberns literarisches Ver-

Peter Rosegger

ständnis. Einigermaßen merkwürdig und in gewisser Hinsicht widersprüchlich mutet Weberns Begeisterung für Peter Rosegger an. Er erinnerte Berg sogar an dessen zehnten Todestag 1928: *Seit etlicher Zeit erscheint er mir immer wieder in ganz neuer Gestalt ... Jedenfalls liebe ich ihn jetzt noch mehr.*

Die Bildung, ja das reine Streben des Musikers Webern, des kreativ produzierenden wie des interpretierenden, hat niemand je in Zweifel gezogen. Über die Kompetenz des Interpreten bestehen indes unterschiedliche Meinungen. Als Klavierspieler soll er sein Leben «herzlich schlecht geblieben sein»[217], was Trauneck, übrigens mit Hinweis auf den ebenso mittelmäßigen Pianisten Schönberg, nur für die technische Fertigkeit gelten läßt, nicht jedoch bezüglich der Möglichkeiten Weberns, sich auf dem Klavier jederzeit musikalisch zutreffend ausdrücken zu können.

Schwieriger fällt heute die Einschätzung des Dirigenten Webern. Heinrich Strobel war überzeugt, daß er «als Künder einer neuen Musikdarstellung eine europäische Karriere gemacht hätte – falls das Wort Karriere auf Webern überhaupt angewandt werden darf»[218]. Das große Wort stimmt skeptisch, zumindest in Relation zum heutigen Konzertbetrieb, der – wenn auch noch nicht so hektisch und ins Hypertrophe gesteigert – in den fünfziger Jahren einsetzte, in einer Zeit, in der Webern als Dirigent noch hätte tätig sein können. Dieser Betrieb muß Webern nach Angabe von Ratz äußerst suspekt gewesen sein. Auch hätte er sich nie von diesem Betrieb einer möglichen Karriere wegen absorbieren lassen. Dazu fehlten ihm als Orchesterleiter organisatorisches Talent, Dispositions-Fähigkeiten und manuelle Geschicklichkeit. Konzerte bedeuteten für Webern eine große geistige wie physische Anstrengung.[219] Mit der bewilligten Probenzahl ist er nie zurechtgekommen. Trauneck nennt den Grund dafür: Webern sei durch und durch ein von Verantwortungsgefühl geprägter Mensch gewesen, was dazu führte, daß er alles übergründlich machte.

Weberns Dirigierbewegungen waren recht groß, temperamentvoll, weitausholend und beschwörend, was oft grotesk wirkte, weil er, gleichsam im Kontrast dazu, seiner Kurzsichtigkeit wegen gezwungen war, sich tief zur Partitur hinabzubeugen. Das dürfte auf das an durchreisende Dirigier-Stars gewöhnte Publikum eigentümlich gewirkt haben.[220] Kolischs Äußerung, Webern habe sich in seinem Bemühen um äußerste Präzision im Sinne von Werk- oder Texttreue und in Abgrenzung gegen Konvention in den Proben tagelang bei den ersten Takten des ersten Satzes eines Stückes aufgehalten, um das Konzert am Ende dann doch abzusagen oder an einen anderen mit nur einer Durchspielprobe abzutreten, ist nicht die Regel gewesen.[221] An Křenek berichtete Webern am 17. Juni 1930, wie er ein ganzes Programm mit Křeneks «Kleiner Symphonie», Schuberts fünfter und Mozarts Es-Dur-Symphonie in nicht mehr als zwei Proben vorbereitet hatte. Wie wäre es sonst auch zu den vielen von Webern dirigierten Konzerten und Rundfunk-Aufnahmen in Wien gekommen, wenn es mit ihm nur Schwierigkeiten gegeben hätte?

Webern war kein Dirigent für den musikalischen Alltag. Letztlich aber wiegt die Tatsache, daß er Interpreten, mit denen er arbeitete, auf die richtige musikalische Spur zu bringen wußte, schwerer. Besonders seine Chorarbeit war bestimmt von angespannter Probenintensität, welche die Laiensänger dennoch nie überforderte, weil er ihnen das Wesen der Musik aufzuschlüsseln verstand, ohne deshalb jemanden zu überfordern. Das demonstrieren auch seine vor Laien gehaltenen Vorträge. Die Webern erlebt haben, unterstreichen seine klare und bis ins Detail festumrissene Vorstellung von der Wirkungsweise einer Musik, die er stets in ein bestimmtes Verhältnis zu ihrer Form und ihrem Grundstil brachte. *Es braucht viel Arbeit, um so ein Werk so ganz und gar in sich aufzunehmen – anders kann ich nicht dirigieren*, schrieb er am 26. November 1932 an Křenek.

Entsprechend exzeptionell waren die Ergebnisse seiner Interpretationen. Erwin Ratz geht so weit, Weberns Mahler-Darstellungen als für jede Zeit konkurrenzlos zu bezeichnen. Unter Webern habe Musik so geklungen, daß sich stets das Gefühl einer absoluten Richtigkeit, vor allem bezüglich der Tempi, einstellte. Diesen Eindruck bestätigt Deutsch-Dorian[222], der Webern in einem Kapellmeister-Kurs mit Beethovens «Fidelio» erlebt hat: «Keine drohenden Fäuste und wilden Rubati, sondern eine Verinnerlichung des Ausdrucks und eine Expressivität, die als Grundprinzip seiner Interpretation unvergeßlich bleibt. Eine delikate Balance schwebte zwischen Werktreue und geistiger Freiheit.» Und auf Operndirigate bezogen ergänzt er: «Alle Effekte waren verinnerlicht, auch die dramatischen Höhepunkte. Alles war unmittelbar Ausdruck des erlebenden Herzens und der Nerven.»

Diese Beobachtungen decken sich inhaltlich weitgehend mit Otto Klemperers Charakterisierung von Gustav Mahlers Diriganten.[223]

Erwin Ratz

Auch Swarowsky vergleicht Webern mit Mahler und kommt zu dem Schluß, daß Webern, der einem gewissen technischen Dilettantismus zum Trotz über sehr deutliche Hände beim Dirigieren verfügt habe, sein Vorbild Mahler auch in der Öffentlichkeit erreicht hätte, wenn er als Typ anders beschaffen gewesen wäre. Seine intensive Probenarbeit und seine Detailtreue gegenüber der musikalischen Form seien mit der Mahlers identisch gewesen; aber seine Bescheidenheit und seine feine, gewinnende Art, mit der er etwa die Musiker um etwas bat, statt es von ihnen zu verlangen, habe ihn – im Gegensatz zu Mahler – vor jener Arroganz zurückschrecken lassen, mit deren Hilfe er im Musikbetrieb hätte bekannt werden können.

Swarowsky erinnert sich an eine Aufführung von Schuberts Es-Dur-Messe 1923 in der gotischen Kirche St. Othmar in Mödling. Sie sei von tiefer Gläubigkeit und unglaublicher Schönheit erfüllt gewesen, und Swarowsky spricht in diesem Zusammenhang von Weberns generell Schubertischem Wesen, das Erwin Ratz bestätigt und das beide vor allem auch in Weberns Musik gespürt haben, wenn sie von ihm selbst vorgetragen wurde.

Weberns hervorragende Dirigate waren offenbar nicht beliebig reproduzierbar, sie bildeten ephemere Ereignisse. Webern war nicht der Typ des Dauer-Dirigenten. Dazu war er zu sensibel und zu schnell konstitutionell überfordert, wenngleich er selbst immer an eine Laufbahn auf diesem Sektor geglaubt hat. Noch 1930 hat er in einem Brief an den nach Amerika gegangenen Adolphe Weiss, der wie er dem Schönberg-Kreis angehört hatte, die Hoffnung ausgedrückt, in den Staaten eine Aufgabe als Dirigent vermittelt zu bekommen.[224] Dies dokumentieren auch seine ständigen Versuche, Wien, wo «Talente auf Kosten der Genies überbewertet werden»[225], den Rücken zu kehren.

Weberns Einzelgängertum als Dirigent – von dem des Komponisten zu schweigen – bestand aus einem dezidierten, jedem Schaugeschäft abholden Verhalten und ebenso eigengeprägten interpretatorischen Ergebnissen. Pultvirtuosen bezeichnete er gern als Tänzer. Wenn in seiner Gegenwart von Arturo Toscanini gesprochen wurde, konnte er unwillig reagieren. Seine Fähigkeit, Tempo-Relationen exakt zu modellieren, rasche Partien schwungvoll, langsame mit einer unvorstellbaren Ruhe zu nehmen, jede Phrase atmen zu lassen, Strukturen durch minimale Verzögerungen und Beschleunigungen des Tempos zu betonen, was auf ein ausgesprochenes Rubato-Musizieren hinauslief – Deutsch-Dorian [226] spricht von feinen, agogischen Brücken –, wird von Hueber bezeugt.[227] Sie war aber wohl nur für aufnahmebereite und hingegebene Zuhörer bestimmt.

Weberns im weitesten Sinne musikpädagogisches Talent wurde zu einem Großteil in seiner Arbeit als Dirigent evident, bei der er es überwiegend mit Laien zu tun gehabt hat. So hat er mit den Chören der Kunststelle und der «Typographia» immer wieder Schönbergs Chor «Friede auf Erden» aufgeführt. Noch 1955 meldete sich ein ehemaliger Arbeitersänger in einer Leserzuschrift und äußerte speziell hierzu: «Dieses Werk, von dem genialen Dirigenten Anton Webern einstudiert, war für uns alle, die damals mitgetan haben, ein unvergeßliches Erlebnis. Anton Webern verstand es mit wahrer Meisterschaft und liebevollem Einfühlungsvermögen, uns Arbeiter auch einen Schönberg näherzubringen. Das Wichtigste für uns Arbeitersänger war, daß wir durch diese Musik erst richtig hören gelernt haben, und das war das große Verdienst Anton Weberns.»[228]

Weberns Lehrtätigkeit hat sich immer nur in Form eines Privatunterrichts vollzogen, der in dem Augenblick zunahm, als Schönberg 1926 nach Berlin ging. Von ihm übernahm Webern einen Großteil seiner Schüler, zu denen auch Trauneck, Swarowsky und Ratz gehörten. Alle berichten, daß dieser Unterricht wie der Schönbergs strikt auf die Analyse traditioneller Musik, vorab der Beethovens, konzentriert war. Beethovens Musik war der Fixpunkt, von dem aus man sich orientierte. Dabei war der Unterschied von Weberns Unterricht zu dem Schönbergs gravierend, wie Swarowsky festhält. Schönberg hätte wie ein biblischer Redner, ein Proselytenmacher, in seiner explosiven Art alles aus den anderen herausgezogen. Bei Webern sei es dagegen auf introvertierte Art intensiv wie bei einem stillen Forschungsvorgang zugegangen. Erwin Ratz hat den Unterricht bei Webern sogar als strenger gegenüber dem bei Schönberg empfunden.

Anton Webern als verinnerlichter Eiferer, geschlagen mit allen Schwächen und Anfechtungen eines Sensibilisten, nicht selten paradox auf die Umwelt wirkend [229], scheu, bescheiden, naiv, aufopfernd und gele-

gentlich heftig – so stellt er sich uns heute dar. Hans Swarowsky hat
ihn in einer erfundenen Parallele zu Franz Kafka gesehen: «Waren beide auch in Schaffensimpuls und geistiger Ausrichtung grundverschie-
den, so gab es doch frappierende Ähnlichkeiten im Eindruck der Person
und im künstlerischen Schicksal. Ungeachtet des Unterschieds in der
Körpergröße waren beide von gleicher feingliedriger Schmalheit, hatten
beide den gleichen entsagenden Mund, die gleiche Scheu in dem das
Außen nach innen tragenden Blick, beide waren von gleicher Sorgfalt
der Erscheinung und Behutsamkeit der Gestik, Schweigende im Kreise
lebhaft Diskutierender. Die gleiche Überempfindlichkeit im Moralischen
war ihnen eigen, das gleiche Streben nach Reinhaltung.»[230]

ZUR ÄSTHETIK UND WIRKUNGSWEISE VON WEBERNS MUSIK

Anton Weberns musikalisches Schaffen hat sich von jeher jeder Tages-
aktualität entzogen. Selbst das auflebende Interesse um 1950, für die
Vita des Komponisten wie für dessen Musik, das kaum zehn Jahre ange-
halten hat, bestätigt diese Erfahrung, die Webern selbst zeit seines Lebens machen muße. Dabei hat er, von wenigen Ausnahmen abgesehen,
weniger im Widerstreit der Meinungen gestanden, als daß er überwiegend kraß abgelehnt worden ist. Das reflektiert nicht die Bedeutung seiner Kunst, sagt aber etwas aus über das ihr immanente und vielleicht
nicht kommunizierbare Wesen[231], so daß der Grad von Weberns Unbekanntheit als geradezu legitimer Zug im Geschichtszusammenhang gesehen werden könnte. Vielleicht ist es das «Glück einer irrationalen Dimension»[232], dessen die Majorität nicht teilhaftig werden konnte und
möglicherweise auch nicht mußte, damit dieser Musik ihre gewiß nicht
ephemere, aber exklusive Position belassen wurde.
  Der Begriff der Lyrik, von Webern selbst für seine Musik rekla-
miert[233], trifft, auch wenn das von jüngeren Theoretikern bestritten
worden ist[234], im übergreifenden Sinn die kompositorische Aufgaben-
stellung. Weberns numerisch begrenztes Schaffen versteht sich aus der
rigoros introvertierten Gebärde seiner Musik, ihrer Signalwirkung aus
dem Konzentrat heraus. Aufs Molekül orientierte Arbeitsprozesse traten
bei ihm an die Stelle eines expansiven Schaffensrausches. Alles Augen-
merk war auf die Binnenstruktur und ihre konsequent angewandten, oft
minimal-variativen Manipulationen gerichtet. Diese werden in jeder technischen Phase sichtbar und beherrschen als ästhetisches Prinzip alle noch
so differenzierten und voneinander abgehobenen Verfahrensweisen. Zweifellos läßt sich das auf analytischem Wege angemessen aufzeigen und
reproduzieren, und in den vergangenen zwanzig Jahren haben einschlä-
gige Arbeiten das auch nahezu ausgeschöpft. Adorno hat 1959, bei Ab-
flauen der Webern-Hausse, von seinem exoterischen Ruhm nach 1945
gesprochen und festgehalten, daß dieser mehr technisch-stilistischer und
vor allem musik-strategischer Art gewesen sei, als daß darüber das spezifisch Kompositorische begriffen worden sei.[235] So haben alle ana-

lytischen Bemühungen zumindest die Einsicht erbracht, daß das Verständnis für Weberns Musik durch diese nicht größer geworden ist, sondern deren Randposition zementiert haben.

Diese wird auch durch neue Ansätze zu einem möglicherweise anders beschaffenen Verständnis für Weberns Musik im Prinzip nicht zu korrigieren sein. Jedoch muß der Traditionszusammenhang, in dem Webern musikgeschichtlich steht und den er selbst zu betonen nie müde geworden ist, den er sogar für die Entwicklung der Dodekaphonie aus den tradierten Tonsystemen herangezogen hat [236], gesehen werden. So hat Webern im Gespräch einmal auf Kurt Weill geschimpft, weil er bei ihm Tradition vermißte.[237] Unter diesem Aspekt erhält die Avanciertheit der Webernschen Kompositionstechnik ein anderes, bisher kaum konstatiertes Gewicht.

Weberns Äußerungen zu seiner Musik waren stets auf deren Ausdruckshaltigkeit gerichtet. Das hat neuerdings noch Otto Klemperer bezeugt [238], der sich vor einer Aufführung von Weberns Symphonie in Wien Rat beim Komponisten holte und sich das Stück auf dem Klavier von ihm vorspielen ließ. Webern, so sagt er, habe das Stück leidenschaftlich vorgetragen, «jede Note mit enormer Intensität und Fanatismus», wie Klemperer sich das beim Dirigieren nicht zugetraut habe. Bekannt sind auch Peter Stadlens diesbezügliche Erfahrungen, als er mit Hilfe von Webern dessen Klaviervariationen op. 27 einstudierte – es müsse rauschen wie Chopin-Etüden [239] – und ermahnt wurde, sich nicht um die Kompositionstechnik des Werkes zu kümmern. Webern hat selbst als Interpret stets mit außerordentlicher Freiheit operiert. In seiner eigenen Musik, argumentiert Adorno, habe er dadurch noch «dem spärlichsten Rest von Linien unerwartete Plausibilität» verschafft und dadurch «wohl seiner tiefen Aversion gegens musikalisch Wörtliche» gehorcht.[240]

Von hier aus scheint sich der Musik Weberns ein adäquaterer Zugang als der üblich gewordene zu eröffnen. Denn obgleich Adorno die letzten Kompositionen Anton Weberns mißverstanden hat, so bezeichnet seine Äußerung doch etwas Grundsätzliches, das das Wesen Webernscher Musik komplex begreift. Weberns Studiengefährte bei Guido Adler und Arnold Schönberg, der 1974 verstorbene Komponist Egon Wellesz, hat konstatiert, daß Webern einzig das Gefühl für Wahrheit bei der Beurteilung einer Komposition als ausschlaggebendes Kriterium anerkannt habe.[241] Für Webern selbst war der Begriff Faßlichkeit höchstes Ideal, das einen Komponisten zur Logizität verpflichten kann, auch im Interesse einer besseren Kommunizierbarkeit seiner Musik.

Bezieht man die drei Begriffe aufeinander: die Aversion gegen das musikalisch Wörtliche (Adorno), das Gefühl für Wahrheit (Wellesz) und die Faßlichkeit, so erhält man eine Begriffs-Trias, die trotz teilweise antithetisch scheinender inhaltlicher Qualität die Möglichkeit bietet, Weberns Musik neu zu erschließen. Dieses äußerlich schmale, inhaltlich um so opulentere Schaffen markiert eine zwischen Tradition und Fortschritt vermittelnde Position. Die Erörterung des Webernschen Schaffens hat seit 1945 verschiedenen Interessenphasen unterlegen. Untersuchte man den strukturellen Zusammenhang des Komponierten zunächst unter dem

Gesichtspunkt der Zwölftönigkeit und vager Ansätze zur seriellen Durch-organisation, die im Meinungsstrudel einer älteren, Webern oft noch persönlich nahestehenden und der jungen Generation hin und her ge-wirbelt wurden, so rückten andererseits immer wieder traditionsbeding-te Zusammenhänge, etwa die von Webern komplett oder rudimentär verwendeten klassischen Formen betreffend, in den Vordergrund. In jüngster Zeit wird in neueren Arbeiten die Tendenz sichtbar, den Zwölf-tonaspekt auszuklammern und das Wort-Ton-Verhältnis im Vokalwerk absolut zu betrachten. Beredtheit und Sprachmächtigkeit der Webern-schen Musik wären in Weiterführung für den instrumentalen Sektor noch speziell zu würdigen. Und zuletzt muß die von Webern zur Ver-öffentlichung nicht vorgesehene Musik, die größtenteils vor seinem Opus 1 entstanden ist und jetzt gegen seinen Willen erscheint, genannt werden, weil sie zumindest den Traditionszusammenhang zu verdeutli-chen hilft.

Wissenschaftler-Streit ist bei Anton Webern sicher so fruchtbar wie auf anderen Gebieten. Wenn er nicht Widersprüche klärt, so betont er sie doch und bereichert damit die Betrachtungspalette. Gegen die Über-bewertung analytischer Aufschlüsselungen spricht die Intention Schön-bergs, Bergs und Weberns, Herstellungsverfahren und Wirkungsweise ihrer Musik strikt zu trennen und den Hörvorgang nicht vom Auszäh-len von Tonreihen abhängig zu machen. Andererseits ist der von Wel-lesz erwähnte Wahrheitsbegriff schwer zu verstehen, auch wenn er auf Webern selbst zurückgeht. In einem nicht veröffentlichten Text hatte Webern um 1912 im Zusammenhang mit Schönbergs Harmonielehre von der «Ausstrahlung einer wunderbaren, nur nach Wahrheit strebenden Persönlichkeit» geschrieben.[242] Weberns Lieblingsbegriff der Faßlich-keit führt da weiter, weil er auf die Stimmigkeit von klarer Kontur und formaler Ökonomie im Zusammenhang mit einer eng umrissenen mu-sikalischen Sprache abzielt, was für Webern Wahrheit im Sinne unge-schwätziger Konkretheit bedeutete. Wie wenig ihm daran liegen konnte, frühe Kompositionen wie die Orchesteridylle *Im Sommerwind* publi-ziert oder gar aufgeführt zu wissen, leuchtet von hier aus gesehen un-schwer ein.

Weberns Arbeit von Opus 1 bis 31 steht unter dem schmerzlichen Zwang, ein Ausdrucksbedürfnis faßlich-definitiv zu artikulieren. Dieses Ausdrucksbedürfnis zielte nicht auf einen postromantisch exaltierten Stil, sondern war – um Adornos Zitat zu wiederholen – gespeist von der Aversion gegen das musikalisch Wörtliche. Das würde beinhalten, daß sich Webern nicht nur allem Musikantischen oder prosodisch Aus-geweiteten entgegenstellte, sondern auch klanglichem Abbilden, daß er also jeden Anhauch von deskriptiven Klangcharakteren vermeiden woll-te. Beschreibende Elemente sind bei ihm in das Strukturgewebe selbst integriert, von der Kompositionstechnik quasi aufgesogen. Deshalb hät-te Webern die Oper, die er komponieren wollte, aber nie komponiert hat, wohl auch nie zustande gebracht. Denn dramatische Elemente scheinen in seiner Musik – wenn überhaupt – wiederum nur introvertiert auf. Sie ergeben sich aus dem penibel ausgearbeiteten Bezugsgeflecht von Intervallspannung, Pause, Dynamik und Instrumental- bzw. Vokalfar-

Vom Geld ist die Rede, von wem noch?

Nach meiner Überzeugung . . .

. . . leben heute gewiß noch Komponisten von Begabung, großem Fleiß und anständigem Charakter, die vielleicht in recht ärmlichen Verhältnissen leben und denen eine Ehrengabe ein Sonnenstrahl in freudloses Dasein bedeuten würde. – Mit diesen noblen Worten lehnte der Mann, von dem hier die Rede sein soll, eine ihm zugedachte Ehrengabe ab. Er befand sich «in sorgenfreier Lage», aber das allein macht ja das Eintreten für das Wohl anderer noch nicht selbstverständlich. Bei anderer Gelegenheit schrieb er einem Freund: «Jetzt habe ich soeben Gehaltserhöhung für die Mitglieder der Hofkapelle erreicht.» Und zwei Jahre später, als der Erste Weltkrieg ausgebrochen war und 22 Musiker seiner Kapelle entlassen wurden, hat er «Gott und die Welt schon angebettelt um die armen Kerle! 1600 Mark habe ich schon beisammen! Davon soll ich zweiundzwanzig Mann nebst Familien ernähren.»

Er war Komponist, Dirigent, Klavierspieler, und dazu fühlte er sich berufen, seit er als Fünfzehnjähriger in Bayreuth den «Parsifal» gehört hatte. Da «habe ich vierzehn Tage lang geheult und dann bin ich Musiker geworden». Aber es dauerte eine gehörige Zeit, bis er wenigstens von einigen Kritikern und einem Teil des Publikums anerkannt wurde. Er zahlte es den Kritikern auf seine Art heim. In einer Sonate setzte er Tonfolgen so, daß Eingeweihte darin «AFFE» oder «SCHAF» entdecken konnten. An diesen Stellen deutete er dann vom Klavier aus auf diesen oder jenen Kritiker im Publikum.

Der Oberpfälzer mit den Vornamen Johann Baptist Joseph Maximilian war auch in Wort und Schrift bisweilen spitz, nicht nur anderen, auch sich selbst gegenüber. Seine acht Wiesbadener Jahre nannte er seine «Sturm- und Trankzeit». Der damals noch schlanke Riese (er war fast 1,90 groß) trank nicht, er soff, und dieses Saufen war seinen Kritikern natürlich ein gefundenes Fressen. Das Geld war ihm zu der Zeit noch knapp, und wenn er jemanden «zu einer Flasche» einlud, konnte er hinzusetzen: «Aber bezahlen müssen Sie!» Später im Leben zog er leichtes Lagerbier dem Wein vor. Aber «später» ist relativ. Er starb schon im Alter von 43 Jahren, auch darin, wie in seinem Äußeren, Schubert ähnlich. Von wem war die Rede?

(Alphabetische Lösung: 18–5–7–5–18)

be, so daß jeder angeschlagene Klang Expression schlechthin ist und damit Kriterium für eine Musik, die alle romantischen Nachwehen überwunden hat und zum Unikat werden konnte.

Aus diesem Umstand wird der beschwerliche Arbeitsprozeß, dem sich Webern aussetzte, verständlich. Das Konzentrationsausmaß, mit dem Note und Pause oder ein Intervallsprung gesetzt wurden, steht für einen komplexen Ausdruckswillen, der jeden Reminiszenz-Charakter meidet und bis ins Keimhafte zurückgenommene Urkonstellationen zur Geste gerinnen läßt. Diese ersetzt als Kürzel weitdimensionierte Klangevolutionen. Weberns Kürzelsprache, die sich nicht auf stenogrammartig konzipierte Stücke wie die *Streichquartett-Bagatellen* op. 9 und die *Orchesterstücke* op. 10 beschränkt, deutet keineswegs auf eine heraufdämmernde Sprachohnmacht hin, meint auch nicht Verzerrung und Groteske; sie macht vielmehr die Tendenz sichtbar, mittels einer kontinuierlich konstruktivistischen Reduktion, weniger der Kompositionsmittel als der Lautbildung, eine neue musikalische Effektivität zu gewinnen. Insofern ist Adornos Kritik von der Entwicklungslosigkeit der Webernschen Musik zugunsten einer absoluten Prädominanz des lyrischen Augenblicks nicht stichhaltig.[243]

Weberns Kürze muß als geistiges Prinzip für eine Lautgewinnung, die schon selbst Ausdruck ist, definiert werden.

Die Entwicklung von Weberns Schaffen, über vier Phasen nachvollziehbar, ist auf einen strikten Kondensationsprozeß hinausgelaufen, der nicht die Gefahr einer Ausdrucksreduktion oder gar -entleerung einschloß. Dieter Schnebel vertritt im Gegenteil die Ansicht, daß Webern mit seinen von Schnebel Symphonien genannten Opera 21, 29, 30 und 31 trotz deren Kürze Mahlersche Dimensionen weitergeführt hat, was auf eine Geschichtsverinnerlichung im Werk selbst hinauslaufe.[244] In der Symphonie op. 21 erkennt Schnebel sogar eine Beschwörung der Brucknerschen Symphonik, so wie Dallapiccola hier eine letzte Erinnerung an den Anfang der 4. Brahms-Symphonie identifiziert.[245]

Anton Weberns kompositorische Fortschrittlichkeit wäre unter diesem Aspekt weit vielschichtiger zu sehen, als das gemeinhin geschehen ist. Zweifellos war er, wie Schnebel sagt[246], kein Neuerer im herkömmlichen Sinn. Alles Revolutionär-Umstürzlerische lag ihm fern. Er hat keine Moden übernommen, sich dagegen entwickelter Formen und vor allem der von Schönberg initiierten Dodekaphonie bedient. Seine Progressionen vollzogen sich schrittweise, nicht sprunghaft. Sein stufenweises Vorgehen führte zu immer neuen technischen Stationen, und es scheint undenkbar, daß seine Entwicklung rekursiv hätte verlaufen können und in die Wiederaufnahme älterer, etwa tonaler Praktiken gemündet wäre. Insofern bieten keimhaft angelegte Klangfarben- und Dynamik-Reihen, auf die György Ligeti und andere in Weberns Musik gestoßen zu sein glauben, keinen Widerspruch zu Weberns ausgeprägtem Expressionswillen. Webern ist nie müde geworden, sich in technische Manipulationen zu versenken, zugunsten einer Maximierung der Ausdrucksmöglichkeiten. Diese hörend nachzuvollziehen und auch intellektuell zu erkennen bedarf einer nicht gerade geringen Aufmerksamkeit, zumal die technischen Verfahren in dieser Beziehung keine Auskunft geben.

Ging es Anton Webern einerseits um diffizile Klang- und Ausdrucksfindungen, so war er andererseits auf eine Rationalisierung des kompositorischen Vorgangs bedacht, um die komponierbare Materie so weit wie möglich zu entstofflichen. Das führte zur Liquidierung formtreibender und formblähender Ich-Erlebnisse, so daß Musik wieder ausschließlich von ihrer Form her definiert werden konnte.[247] Dies hatte seine Konsequenz in der angestrengten Kürze von Weberns Musik und bedeutete das Gegenteil von Hans Mersmanns Behauptung, daß bei Webern Aktivität und Konzentration ins Passive entglitten; einer Behauptung, die Mersmann selbst dreißig Jahre später (1958) revidiert hat. [248] In Wirklichkeit weist der dodekaphonische Verknüpfungsreichtum ab Opus 21 darauf hin, daß ein ohnehin schon eingegrenztes Material vom kompositorischen Ansatz her weiter verknappt wird.

Ein wesentlich übergreifendes Element in Weberns Musik ist ihre fehlende Thematik. Während Schönberg Zwölftonreihen thematisch konzipierte, worin ihm Berg gefolgt ist, entwarf Webern sie abstrakt-strukturell, so daß Intervalle autonom als Ausdrucksträger erscheinen, nicht jedoch thematisch deutbare Spannungsverhältnisse austragen. Dieses Phänomen beschränkt sich nicht auf die dodekaphonischen Werke ab Opus 17. Schon in den Kompositionen davor, ausgenommen vielleicht die Opera 1 und 2, tritt an die Stelle von Thematik quasi abgespaltenes Motiv-Material, mit dem — wie auch in der Zwölftonmusik Weberns — die Durchführungsarbeit gleich zu Beginn der Material-Exposition einsetzt. Dadurch beseitigte Webern den letzten Rest von Tonalität, die bei Schönberg und Berg rudimentär und oft sogar auditiv wahrnehmbar erhalten bleibt. Auf diese Weise wirken aber auch Anklänge an traditionelle Formen wie die Reprisenform stets verschleiert, weil selbst scheinbare Wiederaufnahmen von bereits Disponiertem noch eine Variantenfülle exponieren, so daß Webern jeden Wiederholungscharakter zugunsten einer permanenten Variabilität ausräumen konnte. Seiner Musik fehlt außerdem alles Zitatartige, und wenn Mersmann 1928 die Ansicht vertreten hat, Bergs Volkslied-Adaption «Ein Jäger aus der Pfalz» bringe die Entscheidung gegen Webern, weil sich Bergs Musik an solcher Stelle als lebendig erweise, so manifestiert sich hier klarer, als das ein Webern-Fürsprecher hätte formulieren können, wie sehr Webern bestrebt war, alle Erinnerungsstützen in seiner Musik abzubauen.

Igor Strawinsky hat von der variablen Dichte in Weberns Musik gesprochen und im Hinblick auf den an sein Werk sich anschließenden Serialismus gefragt, ob Webern wohl gewußt hat, wer Webern ist.[249] Immerhin deuten Cesar Bresgens mir gegenüber erneut bekräftigte, von Weberns Töchtern energisch bestrittene Beobachtungen, Webern habe kurz vor seinem Tod in Mittersill mit Zirkel und Lineal geometrische Zeichnungen auf einer Tischplatte hergestellt und eine kompositorische Arbeit damit für vollzogen erachtet [250], darauf hin, daß die von Herbert Eimert aus seriellen Musikpraktiken abgeleitete elektronische Musik Webern möglicherweise nicht sonderlich überrascht haben würde. Im übrigen zeigen das schon Farbkonstellationen in den *Bagatellen* op. 9, wie minimalste Schwingungsvorgänge farbintensive Flimmerklänge erzeugen, wie sie so statisch und gleichzeitig komplex erst wieder im Bereich geräuschhafter Musik zu finden sind.

Bresgen hat jedoch auch berichtet[251], daß Webern als Folge seiner utopisch anmutenden Gedankengänge behauptet habe, eine etwa in Tonhöhen und Tondauern auf Reihenbasis durchstrukturierte Musik bedürfe nicht mehr der Aufführung, da der Klang ständig da sei und keine Wiedergabe ihn so vollkommen reproduzieren könne. Dieser mehr philosophische als pragmatische Denkansatz widerspricht allem, was man von dem stets praxisbezogenen Webern weiß, und dürfte allenfalls auf seine resignative Stimmung in Mittersill zurückzuführen sein. Aber selbst wenn Bresgen sich mit dieser Erinnerung täuschen sollte, würde sich hier spekulativ andeuten, daß Webern eine Musik vorgeschwebt haben könnte, deren praktische Realisierbarkeit er in Frage stellen wollte. Damit hätte er die Kommunizierbarkeit einer solchen Musik ausgeschlossen. Doch auch die uns vorliegende Musik Weberns sperrt sich, vor allem auf Grund ihrer geringen zeitlichen Ausdehnung, der Einordnung in das herkömmliche Konzertschema. Werden einzelnen seiner Kompositionen Werke anderer Komponisten hinzugefügt, droht ihnen, an den Rand gedrückt und vergessen zu werden. Andererseits verbieten sich komplette Webern-Programme, weil sie den Wert von Weberns Musik nivellieren, statt ihn zu potenzieren.

Weberns Musik versagt sich dem etablierten Konzertbetrieb, weil ein längeres und häufigeres Anhören zu Lasten der Musik geht und Subtilität dann in Vergröberung umschlagen würde. Anton Weberns zu Lebzeiten heroisch geführter künstlerischer Kampf setzt sich heute fort in einen Kampf gegen das Vergessenwerden.

DIE WERKE OHNE OPUSZAHLEN

Anton Webern hat seine von ihm zur Veröffentlichung bestimmten Kompositionen mit Opuszahlen von 1 bis 31 durchnumeriert. Aus mehrfach aufgestellten eigenen Werkverzeichnissen geht das unzweifelhaft hervor.[252] Die einzige Ausnahme bildet das Klavierquintett von 1906, mit dessen Herausgabe er 1937 einverstanden war, das aber erst 1948 von seiner Witwe zum Druck in Amerika erfolgreich angeboten worden ist.[253] Neben Křenek, der in diesem Quartett eine reizvolle Mischung von Reger und Rachmaninow erblickte[254], hat auch Reich die Bedeutung dieses Werkes relativiert, indem er dem dreiundzwanzigjährigen Komponisten zwar ein feines Klangempfinden bescheinigt, gleichzeitig aber feststellt, daß es «in keinem Takt an die kommenden Wunder an dichtestem musikalischem Ausdruck und äußerster Verfeinerung der Stimmführung ahnen» läßt.[255]

Bei der nicht unerheblichen Anzahl anderer Werke ohne Opuszahlen ist trotz allem nicht völlig auszuschließen, daß Webern manches, was auf der qualitativen Ebene des Quintetts liegt, mit der Zeit freigegeben haben könnte. Diese im Nachlaß aufgefundenen Kompositionen, von denen ein Großteil heute im Druck vorliegt, haben zu polemischen Erörterungen geführt. Recht haben Hans Swarowsky und Erwin Ratz, wenn sie alle Opera ohne Werkzahlen für entbehrlich halten. Recht hat jedoch auch Joseph Trauneck, der dieses Frühwerk für entwicklungsgeschichtlich aufschlußreich hält, worin ihn inzwischen erfolgte Untersuchungen bestärken können. Daß jedoch alles ausnahmslos die geplante Veröffentlichung und mit ihr verbundene Aufführungsmöglichkeiten rechtfertigt, muß verneint werden.

Bei Weberns Werken ohne Opuszahlen existieren drei Gruppen: Stükke, die bis etwa 1904, also bis zum Beginn des Unterrichts bei Schönberg, entstanden sind; Stücke, die während der Unterrichtszeit bei Schönberg bis 1908 komponiert wurden; und zuletzt einzelne Arbeiten aus späterer Zeit. In der ersten Gruppe gibt es Klavierlieder nach Texten von Avenarius, Falke, Dehmel, Greif, Claudius, Goethe, Nietzsche, Weigand, Böhme und Liliencron; ferner die Ballade *Siegfrieds Schwert* nach Ludwig Uhland für Singstimme und Orchester, zwei Stücke für Cello und Klavier sowie die Orchesteridylle *Im Sommerwind*. Diesen Kompositionen gemeinsam ist die Geste des Tastens, weniger in satztechnischer als in stilistischer Hinsicht. Natürlich war Webern in dieser Periode von anregenden Vorbildern bedrängt. Wagner, Richard Strauss, aber auch Brahms und Hugo Wolf boten reichlich Anlaß zur Auseinandersetzung. Soweit Weberns Kompositionen aus dieser Zeit gedruckt vorliegen und im Text überprüft werden können, überwiegt in ihnen der Eindruck von Epigonalität. Frappierend ist dann wieder, wie konzentriert er bereits 1899, als Fünfzehnjähriger, einen Text wie «Vorfrühling» von Avenarius vertonte, wie bewußt Intervallik und harmonische Modulation in neue Bahnen gelenkt wurden, wenngleich der Grundcharakter retrospektiv bleibt. Webern hat hier schon unbewußt einen Miniaturstil angeschlagen, der auf dieser Stufe noch extrovertierte Wirkungen erzielt, dabei aber als originell bezeichnet werden kann, zumal er Sinn für Proportion und die inhaltliche Bewältigung des Textes demonstriert. Dieser Eindruck gilt im großen und ganzen auch für andere Lieder aus dieser frühen Zeit.

Komplizierter ist der Fall bei der Orchester-Idylle *Im Sommerwind*. Sie kann nur als konventionell bezeichnet werden. Vor einer Überbewertung dieses Werkes, vor allem im Vergleich mit Schönbergs Streichsextett op. 64 «Verklärte Nacht»[256], ist schon deshalb zu warnen, weil es heute bereits eine Art von Alibifunktion einnimmt bei den Dirigenten, die so ihre Verpflichtung gegenüber Webern legitim glauben einlösen zu können und gleichzeitig den Schein von Fortschrittlichkeit etablieren. Die bekannte Reaktionärs-Ansicht, Webern habe eben auch anders komponieren können, erhält hier unnötig Nahrung und verdirbt das wahre Webern-Bild. Das ist besonders deshalb bedauerlich, weil der *Sommerwind* sich den Vergleich mit ähnlich angelegten, programmatisch gefärbten symphonischen Dichtungen der Zeit gefallen lassen muß und dabei unterliegt. Die Orchesterbesetzung, die größte, die Webern je verwendet hat, macht die Abhängigkeit von Vorbildern so deutlich wie Duktus und Klangsprache des Stücks im ganzen.

Ein gewisser Unsicherheitsfaktor hinsichtlich der Notierung ist nicht nur beim *Sommerwind*, sondern auch bei anderen Kompositionen Weberns in dieser Periode nicht auszuschließen.[257] Erst wenn die Autographen dieser Stücke philologisch ausgewertet sind, wird man sagen können, ob das heute auf Grund der Erstdrucke evident werdende Klangbild dieser frühen Stücke zum Teil eventuell auf Zusätze der Bearbeiter zurückgeht. Das betrifft Phrasierung, Artikulation und Dynamik. Auf jeden Fall scheint es sich bei diesen Drucken nicht durchweg um zuverlässige Wiedergaben der Handschriften zu handeln. So hat Walter Levin, der Primarius des LaSalle-Quartetts, den Druck des *Klavierquintetts* (Boelke & Bomart, New York) als eine «unglaublich schludrige, von Druckfehlern durchsetzte Ausgabe» bezeichnet, während Reinhard Gerlach feststellen konnte, daß die Ausgabe der fünf Dehmel-Lieder (Carl Fischer, Inc., New York) «über hundert Fehler» enthält.[258]

Zwei aufschlußreiche Werke aus der Lehrzeit bei Schönberg sind der *Langsame Satz für Streichquartett* und das *Streichquartett 1905*, beide im selben Jahr entstanden. Der *Langsame Satz* bewegt sich in einer nur an wenigen Stellen getrübten tonalen Klarheit (c-Moll). Seine Form ist reprisenartig angelegt, die vier Streichinstrumente sind einander überwiegend komplementär polyphonisch zugeordnet. Das Ganze stellt sich uns als eine gelungene, thematisch dicht gearbeitete Talentprobe dar.

Das einsätzige *Streichquartett* von 1905 ist dagegen ein ernster zu nehmendes Werk, das sichtlich unter dem Eindruck von Schönbergs «Verklärter Nacht» entstanden ist. Metzger[259] hat bewiesen, daß Webern hier vor Schönberg zum erstenmal atonale Passagen verwendet hat, und er kommt angesichts dieses «überraschendsten Sachverhalts» zu dem Schluß, «daß die Musikgeschichte wird umgeschrieben werden müssen». Auch in diesem Quartett sind der arbeitstechnische Ansatz und seine Realisation gravierender als der musikalische Stil. Im *Satz für Klavier*, wahrscheinlich von 1906, schlägt er einen aufrauschenden Klanggestus an, der sich aus sequenzierenden, chromatischen Klangfortführungen ergibt. Formal und klanggestisch steht das Stück in der Nähe von Bergs Sonate op. 1.

Bei Webern geht es heute nicht darum, seine Werkliste um Randprodukte zu vergrößern. Insofern treten alle diese frühen Kompositionen einzig den Beweis dafür an, daß Webern im Stil der Traditionalisten komponieren konnte. Aber der rhetorische Gestus, den er hier anschlägt, war für ihn atypisch. Die Sprachmächtigkeit seiner Musik sollte im lyrischen Konzentrat eine ihr angemessene Ausdrucksform finden. Etwas deutlicher wird diese Tendenz antizipiert in einem ebenfalls wohl 1906 entstandenen *Rondo für Streichquartett*, in dem die bewußte Verwendung chromatischer Klangfolgen wie im *Streichquartett 1905* den Weg zur Atonalität ebnet.

Unter den frühen Klavierliedern nehmen die fünf nach Texten Dehmels aus den Jahren 1906 bis 1908 und vier nach Gedichten Stefan Georges von 1908/09 eine Sonderstellung ein. Für letztere hat Moldenhauer[260] herausgefunden, daß sie ursprünglich zu den beiden George-Zyklen op. 3 und 4 gehörten, dann jedoch bei der Endauswahl ausgeschieden worden sind. Warum Webern die Dehmel-Lieder nicht gelten ließ, ist unbekannt. Denn in ihnen deutet sich jede Lautbildung als verheißungsvolles Versprechen an, das später seine stilistische Einlösung finden sollte. Sowohl die Beziehung zwischen Wort und Klang als auch die kaum noch oder nicht mehr ableitbare Harmoniefolge in den Dehmel-Liedern bereiten die Qualität des Gestisch-Geronnenen vor, das Weberns Musik über die Klangstenogramme von Opus 6 bis Opus 11 und bis zum *Augenlicht* und den beiden *Kantaten* ausgetragen hat.[261]

Die letzte Gruppe der Werke ohne Opuszahlen aus späterer Zeit enthält fragmentarisch anmutende Einzelsätze für Klavier, Stücke für Blas- und Streichinstrumente, Orchesterstücke, Orchesterlieder, Sätze für Streichtrio. Bei vielen dieser Stücke ist derzeit nicht zu prüfen, ob es sich um abgeschlossene Kompositionen handelt, da sie im Moldenhauer-Archiv nicht zugänglich sind. Das Stück, das aus dieser Gruppe am höchsten einzuschätzen ist, ist der *Satz für Streichtrio*, «Ruhig fließend», von 1925, 1966 bei der Universal Edition veröffentlicht. Ausgeschieden aus seinem Opus 10 hat Webern fünf weitere Orchesterstücke und ein Orchesterlied. Dieses ist mit zwei anderen, von Webern ebenfalls zurückgehaltenen Liedern 1964 erschienen, die fünf Orchesterstücke wurden 1966 publiziert. In diese Gruppe gehört ebenfalls eine Cello-Sonate von 1914, die freilich nach dem ersten Satz abbricht. Webern schob damals die Komposition der *Cello-Stücke* op. 11 ein und kehrte zu der Sonate nie mehr zurück. Als letztes Fragment dieser Kategorie sei das *Kinderstück* von 1925 erwähnt. Alle hier aufgeführten Kompositionen wurden von Moldenhauer veröffentlicht und liegen teilweise auch schon in Schallplatten-Einspielungen vor. Ihre Notationen sind nicht selten ungesichert, da aus den Skizzen Weberns hervorgeht, daß sie oft nicht zu Ende komponiert worden sind.

Am Rande seien hier noch die Bearbeitungen Weberns erwähnt. Dabei handelt es sich um die Instrumentierung einiger Deutscher Tänze Schuberts, die Webern auch häufig in seine von ihm selbst dirigierten Programme aufgenommen hat, ferner um einige Lieder Schuberts und Hugo Wolfs, in denen er den Klavierpart orchestrierte. Von Schönberg arrangierte Webern dessen Orchesterlieder op. 8 für Stimme und Klavier, die Kammersymphonie op. 9 für Flöte, Klarinette, Violine, Violoncello und Klavier, die fünf Orchesterstücke op. 16 für zwei Klaviere und das Vorspiel der Gurre-Lieder für vier Pianisten an zwei Klavieren. Seine wichtigste und auch von ihm selbst als originale Arbeit hoch eingeschätzte Transkription ist die des *Ricercare* aus Bachs «Musikalischem Opfer». Die von Bach ohne Instrumentationsangaben hinterlassene Partitur setzte Webern für Orchester und fügte dabei eigene Vorstellungen über die strukturalen Zusammenhänge dieser Komposition hinzu. Noch immer gilt Rudolf Stephans Feststellung[262], daß es sich hier um die «klangliche Realisation einer Analyse» handelt. Gleich das Thema zu Beginn wird in mehrere Motive aufgespalten, die auf Posaunen, Hörner und Trompeten, alle gedämpft, sowie auf die Harfe verteilt sind und außerdem unterschiedlich dynamisiert, akzentuiert und phrasiert werden. Diese Art der orchestralen Umdeutung kommt einem nachschöpferischen Vorgang gleich, wie ihn schon Ferruccio Busoni in seinen Bearbeitungen und Nachdichtungen gepflegt hat.[263] Webern aber ist noch weitergegangen, indem er gleich das Thema so gliedert, wie er seine Zwölftonreihen gruppierte. Der weitere Verlauf der Orchesterfassung bestätigt, wie weit hier eine selbständige musikalische Vorstellung auf der Basis einer fremden Substanz verwirklicht worden ist. Die von Webern intendierte Bloßlegung motivischer Zusammenhänge findet ihre Entsprechung in einer Rubato-Vortragsweise, die er Hermann Scherchen 1938 vor einer Londoner Aufführung auseinandergelegt hat.[264]

WERKE MIT OPUSZAHLEN

Abschied von der Tonalität

Weberns erste beiden mit Opuszahlen versehenen Kompositionen sind 1908, noch unter Aufsicht Schönbergs, entstanden. Beide spiegeln Weberns Verhaftetsein mit traditionellen Musizierformen, speziell den Polyphoniekünsten der Niederländer, die ihm durch seine intensive Beschäftigung mit Heinrich Isaac vertraut waren. Die *Passacaglia* op. 1 sollte künftig zu seinem meistaufgeführten Werk werden, während sein Opus 2, der a-cappella-Chor *Entflieht auf leichten Kähnen* auf ein Gedicht Stefan Georges, noch heute kaum gesungen wird. In dieses Bild paßt die Tatsache, daß der Chor erst 1927 von einem Laiensingverein in Fürstenfeld, *einem kleinen Nest in der Oststeiermark*, wie Webern im Dezember 1927 an Berg schrieb[265], uraufgeführt und wenig später in Wien nochmals gesungen worden ist. Berg schrieb dem Komponisten nach dem Wiener Konzert zurück: «Was ist das für eine herrliche Melodie!!» Er hebt eine Stelle besonders hervor und merkt an: «Da hat's mich direkt erschauert vor diesem Mysterium der Natur – nein, Deiner Kunst!»[266] Der *Passacaglia* liegt ein Achttonthema zugrunde, das nach 1945 zu Spekulationen Anlaß gegeben hat. Herbert Eimert, Robert Craft und René Leibowitz[267] haben versucht, dieses Thema als Antizipation einer fragmentarischen Zwölftonreihe zu verstehen. Kolneder beharrt jedoch richtig darauf, daß es sich hier lediglich um ein Thema handelt, einen Basso ostinato, über dem sich Variationen entwickeln, die das Thema überwiegend absorbieren, ohne daß dieses darüber jedoch unhörbar wird. Dieses melodisch unergiebige Thema schöpft seine Antriebskraft aus den Intervall-Proportionen, die durch eingeschobene Viertelpausen (im Zweivierteltakt) noch betont werden. Die Einschaltung des as im sonst reinen d-Moll-Verlauf liquidiert die absolute Tonalität. Webern realisiert in den folgenden Variationen jene von ihm so benannte *schwebende Tonalität*[268], die ihm im Fall dieser Komposition die Möglichkeit gibt, zwischen finalfreudigem und zur Chromatik tendierendem Klang und strikter Konstruktion zu vermitteln. Hanns Eisler hat die *Passacaglia* «ein harmloses Jugendwerk» genannt[269], was sie gewiß nicht ist. Sie weist vielmehr jenes nun restlos zur Disziplin gebrachte Ausdrucksstreben aus, dem sich Webern im *Sommerwind* noch hemmungslos hingegeben hatte.

Webern hat geschildert[270], wie sich im Kreis um Schönberg 1908 der Eindruck einstellte, daß das Ohr auf den harmonischen Schwebezustand befriedigt reagierte und das Bedürfnis nach einem zentralen Grundton nachließ, zugleich aber die chromatische Skala im Gegensatz zur Siebentonleiter zu dominieren begann. *Die Zeit war einfach reif für das Verschwinden der Tonalität. – Das war natürlich ein heißer Kampf, da waren Hemmungen der fürchterlichsten Art zu überwinden, eine Angst: «Ist denn das möglich?» – Und so kam es, daß allmählich fest und bewußt ein Stück dann nicht mehr in einer bestimmten Tonart geschrieben wurde.*²⁷¹ Die Chromatik der Wiener Schule bedurfte im Gegensatz zu der von Richard Strauss keiner Auflösung mehr, sie führte den klanglichen Schwebezustand also nicht nur ein, sondern behielt ihn auch bei. Dieses Phänomen macht Weberns Chor *Entflieht auf leichten Kähnen* op. 2 eindringlich deutlich. Die Technik des Doppelkanon, der hier in drei Teilen durchgeführt wird, verstärkt noch den Eindruck des Vagierenden. Zwar sind die Klänge für sich tonal-harmonisch abzuleiten, ergeben jedoch in der Abfolge kein eindeutig definierbares Harmoniebild mehr.

Atonalität und Aphoristik

Mit seinem Opus 3 wandte sich Webern ganz der Atonalität – Döhl spricht konsequenterweise von Atonikalität – zu, das heißt das klangliche Geschehen ist nun im ganzen nicht mehr funktionsharmonisch ableitbar. Den je fünf Liedern op. 3 und op. 4 liegen, wie schon dem Chor op. 2, Texte Stefan Georges zugrunde. Webern hat sie zwischen 1907 und 1909 geschrieben, gleichzeitig mit seinen Opera 1 und 2. Der stilistische Unterschied zu diesen ist jedoch, abgesehen von der fortgeschrittenen Kompositionstechnik, ohrenfällig. Webern hat hier zum erstenmal mit den für ihn typischen Kleinintervallen gearbeitet, vor allem mit der kleinen Sekunde, die er gelegentlich oktavversetzt als kleine None exponiert oder innerhalb einer Tongruppe durch Zwischentöne trennt, was auf die chromatische Auffüllung der Klangräume hinausläuft. Durch die Bündelung solcher Töne im Klaviersatz und in Kombination mit der Singstimme ergeben sich deshalb ab jetzt hochdissonante Klangfelder, die eine vorher nie existent gewesene Ausdruckslage zur Folge haben. Nicht ein revolutionäres Verhalten wollte Webern musikalisch artikulieren, sondern bisher unerschlossene Räume öffnen.

Bei beiden Liederzyklen wird Weberns außerordentliches Gespür fürs Wort evident, in diesem Fall für die naturhaft-symbolische Expressionskraft Georges. Ein wortbezogenes Meditieren in Klängen steht als Ergebnis. Dennoch wird der Text, der dank syllabischer Verwendung immer klar zu verstehen ist, durch feinste rhythmische, metrische und agogische Schwebezustände (Triolen über den ganzen Takt, punktierte Triolen; Wechsel zwischen Zweier- und Dreiertakt wie in Lied 4 von Opus 4; Ritardando- und Accelerando-Vorschriften oder auskomponierte Tempoveränderungen) quasi in eine Überwirklichkeit transferiert. Diese Haltung hat Webern bezahlen müssen mit dem Desinteresse von Sängern an diesen Liedern, die Adorno zum «Vollkommensten» gezählt hat, «was der neuen Musik überhaupt beschieden war»²⁷². 1939, also dreißig Jahre später, schlägt Webern seinem Schüler Willi Reich in einem Brief vor, für ein in Basel geplantes Konzert eine Liedauswahl aus seinen Opera 3, 4 und 12 zu treffen, und fügt hinzu, daß das vierte aus Opus 4 noch nie gesungen worden sei.[273] Dieser Hinweis macht außerdem klar, wie wenig Webern an der zyklischen Form dieser Liedgruppen gelegen war. Das würde das Ausscheiden von fünf George-Liedern aus dem Opus 3 – vielleicht aus editionstechnischen Gründen – verständlich erscheinen lassen.

Die zeitliche Kürze Webernscher Kompositionen, die im Opus 2 und einigen Liedern der Zyklen op. 3 und 4 vom Text her vorgeschrieben ist, wird ab jetzt auch im instrumentalen Bereich deutlich. Döhl hat von formaler Reduktion gesprochen [274], und Kolneder ist der Ansicht: «Die durch Georgische Dichtungen ausgelöste Empfindungswelt hat zu Klangvisionen geführt, deren Realisation in den Jahren 1909–1914 mit den Mitteln des Streichquartetts (opera 5 und 9), des Orchesters (6 und 10) und des klavierbegleitenden Soloinstruments (7 und 10) unternommen wird.»[275]

Webern ist ab jetzt zu avancierten Ergebnissen gekommen, deren weiterführende Bedeutung über die der Opera 3 und 4 hinausgeht. Der Weg zum klingenden Aphorismus wird vorbereitet. Die fünf Sätze für *Streichquartett* op. 5 vermitteln ein Kompendium an Nuancierungen jeder Art. Was hier an Ausdruckszuspitzung aus einem Minimum an klanglichem Aufwand gezogen wird, versetzt kaum noch in Erstaunen, wenn man die aufgeschlüsselte Notation betrachtet. Allein die Staffelung der Dynamik-Vorschriften vom dreifachen Forte bis zum vierfachen Piano (im ersten Stück) ergeben vorher nie gehörte Kontrastierungen, wie sie in dieser Form auch Schönberg nicht verwirklicht hat. Wie ja überhaupt das subkutan Brahmsische aus der Musik Schönbergs bei Webern nur in seiner *Passacaglia* noch nachwirkt, danach nie mehr.

Gegenüber den Liedsätzen boten sich im instrumentalen Bereich für Webern zusätzlich Klangunterschiede an, die durch die Vielfalt von Stricharten (col legno, am Steg, con sordino, Flageolett, staccato, pizzicato) erzeugt werden; zu schweigen von den Vortragsvorschriften, die zunehmend penibler werden und oft von Takt zu Takt wechseln, so daß sie immer mehr den Charakter von Warnvorschriften annehmen. Webern verlangt so höchste Aufmerksamkeit vom Interpreten und selbst widersinnig Scheinendes wie Crescendo und Decrescendo, simultan in verschiedenen Instrumenten, muß realisiert werden, damit eine eindeutige Hierarchie innerhalb des Stimmengefüges hergestellt werden kann.

In den Schönberg gewidmeten *Orchesterstücken* op. 6 probierte Webern ihm bislang nicht vertraute Klangfarben aus. Neben der üblichen Streicher- und Bläserbesetzung entdeckte er Harfe, Celesta, große Trommel, Becken, Tamtam, Glockenspiel, tiefes Glockengeläute, kleine Trommel und Pauke – Instrumente, die ihm von Strauss und Mahler bekannt waren, in seiner Musik jedoch eine andere Dimension einzunehmen begannen. Das konventionelle Instrumentarium lockerte er auf, setzte Soloinstrumente ein, verwendete Flatterzunge und Flageoletts, so daß statt kompakter Klänge systematisch aufgefaserte Klangbilder das Ergebnis sind. Trotzdem wirken die Partiturbilder immer geschlossen; ein Eindruck, der durch orgelpunktartige Ton- und Motivwiederholungen noch verstärkt wird.

Webern hat in seiner Musik um 1910 musiksprachliche Einzelelemente und deren Kombinationen entwickelt, die als klingende Organismen unmittelbar einleuchten. Stücke wie seine Opera 5 und 6 bezeugen dies durch eine Expressionsdichte im überkommenen Sinne. Andererseits überzeugt der Rückbezug auf traditionelle Formen kaum noch, etwa wenn Reich im ersten Stück des Opus 5 klassische, wenn auch nicht wiederholte Bestandteile der Sonatenform nachweisen will.[276]

Die in den Opera 5 und 6 begonnene formale Reduktion erweiterte sich ab Opus 7 (1910) folgerichtig zu einer strukturalen bzw. allgemeinkompositorischen. Die zeitliche Ausdehnung der Musik nähert sich nun der untersten möglichen Grenze. Ausdruck wird auf engstem Raum kondensiert, die Musik in einen existentiellen Schwebezustand versetzt. An die Stelle festumrissener, entwicklungsfähiger Motive treten Zellen, die einzig noch Klangfarbe hintupfen. Wo eine festere Sequenz auftritt (wie im ersten Violinstück op. 7 die Ganzton-Repetition es-cis in durchgehenden Sechzehntelwerten), da bewirken die Dynamik (sempre ppp), der Strich (col legno) und die Spielvorschrift (weich gezogen) gleich wieder die Suspension der griffigen, festumrissenen Klanggestalt.

Ebenfalls 1910 komponierte Webern zwei Lieder op. 8 nach Gedichten Rainer Maria Rilkes. Aber er schrieb keine Klavierlieder mehr, sondern bot für zwei sehr kurze Stücke eine Begleitung für Klarinette (auch Baßklarinette), Horn, Trompete, Celesta, Harfe, Geige, Viola und Violoncello auf, die alle mit minimalster Figurik bedacht sind. Die hohe Singstimme schreitet den Text in einem quasi freien Rezitationsstil ab, der durch häufigen Taktwechsel und ständige Triolenbildung zustande kommt. Das Tonmaterial beruht wieder vorwiegend auf kleinen Sekunden, real oder transponiert gesetzt. Diesen musikalischen Kern umgibt instrumentales Geflirre sensitiv empfundener und nur aus der Klangfarbe zu definierender Valeurs. In den Berg gewidmeten Streichquartett-*Bagatellen* op. 9 – Aufführungsdauer zirka dreieinhalb Minuten – steigerte Webern seinen Kondensationsstil, dehnte ihn in den *Orchesterstücken* op. 10 dann koloristisch auf das große Ensemble aus, um ihn in den *Cellostücken* op. 11 zu einer wie wieder erreichten, wie hingehaucht wirkenden Aphoristik münden zu lassen, die noch heute so befremdlich anmutet, daß es uns nicht wundert, wenn Webern selbst von einer Aufführung 1939 abriet: *Ansonsten wären die Violinstücke günstiger als die Cellostücke. Die lieber gar nicht! Nicht, weil ich sie nicht gut finde. Aber sie würden ja nur mißverstanden. Die Spieler und die Hörer können nur schwer damit etwas anfangen.*[277] Damit ist allerdings nicht gesagt[278], daß Webern diese Stücke mit Distanz betrachtet hat, wie Stuckenschmidt meint.

Weberns lyrische Grundhaltung hatte sich in seinen Kompositionen ab Opus 5 zum erstenmal provozierend dargestellt. Döhl hat daraus gefolgert: «Aus der lyrischen Meditation Weberns resultiert, daß mit jedem Reduktionsschritt die Ausdrucksintensität der reduzierten Gestalt gesteigert erscheint, wie umgekehrt das Bedürfnis, den Ausdruck zu intensivieren, zur Reduktion sowie zur bewußteren Kontrolle der Gestalten führt.»[279] Webern hat hier, erstmals in der Geschichte der Musik, den Beweis erbracht, daß Ausdrucksverdichtung trotz oder gerade auf Grund einer generellen und rigorosen Materialeingrenzung möglich ist. Döhl hat sie als statische Konzeption bezeichnet und diese am Opus 5 nachgewiesen.[280] Aber auch die Dodekaphonie wird im Komprimatstil dieser Werke vorweggenommen. Den Hinweis darauf hat Webern an Hand seiner Bagatellen selbst gegeben: *Ich habe dabei das Gefühl gehabt: Wenn die zwölf Töne abgelaufen sind, ist das Stück zu Ende. Viel später bin ich darauf gekommen, daß das alles im Zuge der notwendigen Entwicklung war. Ich habe in meinem Skizzenbuch die chromatische Skala aufgeschrieben und in ihr einzelne Töne abgestrichen. – Warum? – Weil ich mich überzeugt hatte: der Ton war schon da. Das Gesetz war uns damals noch nicht bewußt, aber es war längst gefühlt.*[281] Für Webern ergab sich das Prinzip der Dodekaphonie also zwangsläufig aus seiner Antipathie gegen Wiederholungen. In den *Cellostücken* op. 11, in denen auch Kolneder Teil-Reihen gefunden hat[282], artete das zu einer Musik kurz vorm Schweigen aus: musikalische Bewegung dient in ihnen nur noch dem Zweck, Klangfarbe zu exponieren. Melodische Linien und Tonhöhen degenerieren gleichsam zum Zubehör von Klangfarbe.[283] Adorno hat das ppp in diesen Stücken als «drohenden Schatten eines unendlich entfernten und unendlich mächtigen Lärms» erklärt und das 1914 geschriebene Opus in Zusammenhang mit dem Kriegsausbruch gebracht.[284] Ob ein solcher pragmatischer Bezug angemessen ist, dürfte heute kaum noch zu entscheiden sein.

Zwischenperiode

Weberns perfekter Aphorismus in seinem Opus 11 [285] war weder zu steigern noch endlos fortzusetzen. So begann er Neues, inhaltlich wie stilistisch, das in mancher Hinsicht wie ein Rückschritt wirkt. Baruch hat gar von einer schöpferischen Krise gesprochen [286] und die Serie der Vokalkompositionen von op. 12 bis 19 als einen Versuch zu deren Überwindung gedeutet. «Mit den Lieder op. 12 beginnt eine fast unmerkli-

Stück 5 und 6 aus den «Bagatellen» op. 9, in Weberns Handschrift

che Wendung. Insgeheim dehnt sich Weberns Musik; er bewältigt auf seine Weise, was Schönberg im ‹Pierrot Lunaire› und den Liedern op. 22 erstmals registrierte: daß auf dem reinen Punkt sich nicht beharren läßt, wenn nicht die spirituelle Reduktion von Musik zum physischen Verkümmern werden soll.»[287] Adornos Meinung ist insofern zuzustimmen, als die musikalische Kürzelsprache in Opus 11 nicht mehr zu überbieten war. Tatsache ist jedoch gleichfalls, daß sich in reinen Instrumental-Stücken bei Webern ein stilistischer Fortschritt ausgeprägter vollzog, während die Vokalmusik den erreichten Standard beibehält und kultiviert. Das hat Křenek zu dem Urteil veranlaßt, die vokale Musik Weberns sei weniger eindrucksvoll als die instrumentale.[288]

Die relative stilistische Einheitlichkeit der Vokalmusik in den Liedgruppen von op. 12 bis 15 – Opus 16 hebt sich auf Grund der Kanonform ab – hängt mit der Entstehungszeit zusammen. Die Lieder sind nämlich nicht chronologisch, entsprechend ihren Opuszahlen, sondern durcheinander, von 1914 bis 1922, entstanden, wobei Webern 1916 und 1920 ganz pausierte.[289] Webern hat also auch hier wieder eine nachträgliche Gruppierung der Nummern vorgenommen.

Diese Zwischenperiode im Schaffen Weberns ist eine Phase kompositorischer Konsolidierung. Das ist nicht identisch mit Stillstand oder Retrospektive. Nur die vier Lieder op. 12 nach Li Tai-po, Strindberg, Goethe und auf einen Volksliedtext ähneln im Duktus den George-Liedern op. 3 und 4, wirken aber einfacher in Figurenführung und Klangkonstellation. In seinem Opus 13, das 1928 in Winterthur unter Hermann Scherchen uraufgeführt wurde, ist das Orchester ein solistisch besetzter Instrumental-Apparat. Der dem Wiener Nervenarzt Norbert Schwarzmann, einem Förderer Schönbergs und seiner Schüler, gewidmete Zyklus besteht aus fünf Liedern und verwendet Texte von Karl Kraus, Wang Seng-yu, Li Tai-po (beide aus Hans Bethges «Chinesischer Flöte» entnommen) und Georg Trakl. Der Grund, warum Webern dieses Trakl-Lied nicht dem Trakl-Zyklus op. 14 zugeordnet hat, dürfte an der abweichenden Besetzung liegen. Sie ist in Lied 1 und 2 des Opus 13 mit je dreizehn Instrumenten die stärkste, Lied 3 hat dagegen neun, Lied 4 zehn Instrumente. Sie bestehen aus der für Webern typischen und von Opus 8 her bekannten Zusammenstellung aus Bläsern (kleine und normale Flöte, Klarinette und Baßklarinette, Horn, Trompete, Posaune), Streichern (Geige, Bratsche, Cello, Kontrabaß) und aus Celesta, Harfe und Glockenspiel.

Diese Besetzung garantiert Webern eine Durchhörbarkeit des musikalischen Gewebes und die delikate Auffaserung und Kontrastierung der klangfarblichen Mittel. Das veranlaßte ihn auch bei anderer Gelegenheit – erstmals in den *Orchesterstücken* op. 10 –, Instrumente wie Harmonium, Mandoline, Saxophon (in op. 26 und 31) und diverses Schlagzeug zu verwenden. Ab Opus 13 fällt auf, daß Webern sekundaufgefüllte Klangräume benutzt, das Kleinintervall Sekunde nun aber mehr und mehr auseinanderfaltet und die dazugehörigen Töne lagenversetzt einbringt, so daß die Tendenz zu großen Intervallsprüngen insgesamt zunimmt. Handhabe er dieses Verfahren bis jetzt noch quasi verdeckt, so wird es in den *Trakl-Liedern* op. 14 schlagartig evident. Die Singstimme gleicht sich im Duktus den Instrumenten an, so daß ein eigentlich kantables Prinzip wie in den Opera 2 bis 4, 12 und andeutungsweise auch noch in Opus 13 ab jetzt in den Hintergrund tritt. Die Instrumente begleiten nicht mehr, sondern die Singstimme ist in das instrumentale Geflecht integriert. Jede Stimme erhält dabei den Charakter eines Solos, was besonders die dynamischen Vorschriften ausweisen. Sie sind für jeden Stimmverlauf individuell gesetzt, was einerseits Autonomie und Vereinzelung musikalischer Ereignisse, andererseits aber auch die Beziehung der Stimmen untereinander im Sinne einer Gleichberechtigung betont.

Das intervallische Eigenleben und dessen Beziehungssystem im Gesamtverband der stimmigen Anlage einer Partitur kristallisierte sich in diesen Jahren als Primär-Kriterium in der Webernschen Musik heraus. Es führte folgerichtig zur Dodekaphonie und zu Formen, die Weberns Hang zu einer in übergeordneter Bedeutung polyphon zu nennenden Schreibweise, in der höhere Zusammenhänge gewährleistet sind, ausdrücken. In den *Trakl-Liedern* op. 14 hat Webern seine neue Schreibweise und die mit ihr verbundenen Schwierigkeiten selbst erkannt. Der 1924 in Donaueschingen uraufgeführte Zyklus ist danach kaum gespielt worden. 1929 hatte Humplik offenbar eine Aufführung angeregt. Webern reagierte auf seinen Vorschlag so: *Aber – zunächst noch unter uns – an eine Verwirklichung ist ja kaum zu denken: ich weiß keine Sängerin und wüßte ich eine: die Zeit reichte ja nicht mehr. Meine Trakl-Lieder sind so ziemlich das Schwerste, was es auf diesem Gebiet gibt. Unzählische Proben wären notwendig.*[290]

Die eigentliche Schwierigkeit dieses Zyklus ist begründet in der Tatsache, daß die kompositorische Textur der Lieder transparent und intrikat in eins ist. Gegenüber Opus 13 hat Webern die Instrumentalbesetzung reduziert. Von den sechs Liedern sind fünf vierstimmig, das letzte ist fünfstimmig. Die Besetzungsnorm ist neben der Gesangsstimme ein Instrumentarium aus Klarinette, Geige und Cello (in Lied 1 und 3). In Lied 2 tritt an die Stelle der Klarinette eine Baßklarinette. In Lied 4 sind die beiden Klarinetten mit dem Cello kombiniert, in Lied 5 mit der Geige, und in Lied 6 kommen die vier Instrumente zusammen mit der Singstimme.

In den *Trakl-Liedern* hat die Autonomie der Stimmverläufe dank der instrumentalen Mischbesetzung mit dem Quartett als Maximum in einem einzigartigen polyphonen Stil ihre Konsequenz. Diesen hat Webern im Opus 15, den *Fünf geistlichen Liedern,* in eine historische Form gebracht, zum erstenmal wieder nach seinem Opus 2: in die des Kanon. Das letzte Lied ist ein Doppelkanon in Gegenbewegung. Am Anfang imitiert die Violine die Singstimme, während in den Mittelstimmen zwischen Trompete und Klarinette ein Kontrapunkt kanonisch durchgeführt wird. Harfe und Flöte, letztere häufig mit Flatterzungen-Effekt ausgestattet, übernehmen entweder einzelne Kanonführungen oder verstärken andere im Unisono, was eine Farbenreicherung bewirkt.

Wird in diesem Zyklus die Material-Reduktion aus der Werkgruppe der Opera 5 bis 11 unter anderen Voraussetzungen wieder aufgegriffen, so erscheint sie in den *Fünf Canons* op. 16 auf lateinische Texte geistlichen Inhalts förmlich zugespitzt. Webern nahm die Texte aus dem Paulus-Brief an die Philipper, aus «Des Knaben Wunderhorn» und aus den Liturgien zum Gründonnerstag und Karfreitag. Stuckenschmidt schreibt Weberns Neigung zu geistlichen Texten von Opus 12 bis 19 einer Wandlung des Komponisten zur Religiosität nach Kriegsende 1918 zu, die Teil einer religiösen Bewegung, auch in den bildenden Künsten, gewesen sei.[291] Metzger hat das Wesen des Geistlichen in Weberns Musik gesondert untersucht und für das gesamte Schaffen des Komponisten

festgestellt: «Meine These lautet: in ihrer Reinheit, die als stilistische Reinheit, technische Sauberkeit, Intransigenz des Verfahrens oft bemerkt und behandelt wurde, in Wahrheit jedoch eine rituelle Reinheit ist. Sie mag, will man sie psychoanalytisch auf Eigentümlichkeiten des Triebschicksals der empirischen Person Weberns zurückführen, letztlich in einem Virginitätskomplex gründen, wie ihn auch seine Marienverehrung ganz spezifisch andeutet.»²⁹² Metzger geht allerdings davon aus, daß Webern ein frommer Christ gewesen ist.

Tatsächlich könnte man, in Verbindung mit der Verwendung religiöser Texte und dem Purismus der kanonischen Form auf ein Mittel zur religiös-meditativen Versenkung rückschließen. Richtiger dürfte indes sein, von Weberns op. 16 aus den unmittelbar bevorstehenden Schritt zur weiteren Systematisierung musikalischer Komposition zu sehen. Das war für den Komponisten zweifellos mehr ein geistiger als ein technischer Vorgang. In den Vorträgen hat er gesagt: *Ich habe schon ... aufmerksam gemacht auf das unerhört wichtige Prinzip der Wiederholung zur Erhöhung der Faßlichkeit ... Man kann eine Sache entweder auf die gleiche Art wiederholen oder in einem ähnlichen Sinne ... Wie ist das*

möglich, daß mehrere Stimmen dasselbe hintereinander singen? Das ist das Wesen des Kanons, der denkbar engsten Beziehung zwischen mehreren Stimmen.[293] Später knüpft er, als er die Entstehung der Dodekaphonie erklärt, an: *Die kanonischen, die kontrapunktischen Formen, die thematische Verarbeitung vermögen viele Beziehungen zwischen den Dingen herzustellen, und dort ist zu suchen – wenn wir zurückschauen wollen auf die Verläufe – was noch überdies in der Komposition in zwölf Tönen steckt.*[294]

Für Webern begann mit seinen asketischen *Fünf Canons* die Periode der übergreifenden kompositorischen Zusammenhänge: Form, Struktur und Farbe wurden zur Synthese vereinigt. In den drei dreistimmigen Stücken (Nummern 1, 3, 5) wird zwischen Gesangsstimme, Klarinette und Baßklarinette ein realer Imitationskanon zwischen zwei Stimmen entwickelt, während die dritte Stimme eine Imitation in Gegenbewegung folgen läßt. Der eine zweistimmige Kanon (Nummer 2, Gesang und Klarinette) ist ebenfalls in Gegenbewegung komponiert, der andere (Nummer 4, Gesang und Baßklarinette) real im Abstand einer kleinen Sekunde. Bemerkenswert ist die unterschiedliche Phrasierung und Dynamisierung der identischen Stimmen, sind auch die unterschiedlichen Einsatzabstände der Stimmen zueinander. Die Kanons sind, wie Kolneder schreibt [295], mehr instrumental als vokal empfunden. Die Gesangsstimme übernimmt in keinem die Führung, sondern ist Imitator eines Instruments.

ZWÖLFTONMUSIK

Die komplizierte und häufig genug verwirrende Betrachtung von jener Musik Weberns, in der er Schönbergs Methode des Komponierens mit den zwölf nur aufeinander bezogenen Tönen der chromatischen Leiter übernahm, hat deren Rezeption nicht begünstigt und schon gar nicht vereinfacht. Der Übergang zu dieser Technik erfolgte bei Webern bruchlos. Die interessante Aufschlüsselung der Reihen und ihre Einteilung nach bestimmten Symmetrie- oder Asymmetrie-Gesetzen [296] trägt zum Verständnis der Musik kaum bei. Die drei Vokalwerke op. 17 bis 19 gehören trotz ihrer Zwölftönigkeit inhaltlich und konzeptionell noch zu den Liedgruppen ab Opus 12. Ein Zyklus wie die *Trakl-Lieder* op. 14 ist an formaler Strenge in vieler Hinsicht von Webern auch später nicht wieder überboten worden. Dagegen nahm ab Opus 17 die durchsystematisierte Konstruktion zu. Sie führte im Grundtrend zu zweierlei: zur zunehmenden Verwendung großer Intervalle und zu ostinatohaften Ton- oder Intervallwiederholungen. Für Sänger werden die Aufgaben deshalb ab jetzt noch schwieriger. Sie müssen in extremen Tonlagen frei einsetzen und ihren Part autonom beherrschen, da die begleitenden Instrumente keine Tonhöhenorientierung ermöglichen. Daß Webern, im traditionellen Sinn verstanden, nicht gesanglich schreibt, hat gelegentlich zu Zweifeln an seiner Qualifikation als Vokalkomponist Anlaß gegeben. Die Führung der Gesangspartien zeigt indes, wie strikt den Wortakzenten gefolgt wird und wie musikalisch sie ausgewertet worden sind.[297]

Interessanter noch als der Zwölftonaspekt ist in den Opera 17 bis 19 die Instrumentenwahl. Die *Drei Volkstexte* op. 17, durchgehend vierstimmig gesetzt, verwenden Geige, Klarinette und Baßklarinette. Nur in Lied 3 tritt an die Stelle der Geige eine Bratsche. In den drei dreistimmigen Liedern op. 18 ist mit der Besetzung Gesang, Es-Klarinette und Gitarre noch bewußter ein kontrovers konzipiertes Klangspektrum anvisiert. Während in diesen beiden Zyklen ein durchbrochener Satz vorherrscht, kommt es im Opus 19 zu einer mehr blockhaften Gestaltbildung. Dem vierstimmigen Vokalsatz (Sopran, Alt, Tenor, Baß) steht ein selbständiger Instrumentalverband aus Celesta und Gitarre gegenüber. Geige, Klarinette und Baßklarinette sind dagegen als passagenweise sogar tongleiche (wenn auch anders rhythmisierte) Gesangsbegleitung zu verstehen. Webern hat die drei Zyklen nacheinander von 1924 bis 1926 komponiert und den letzten, die beiden Lieder op. 19 auf Texte aus den «Chinesischen Jahres- und Tageszeiten» Goethes, David Josef Bach gewidmet.

Mit dem *Streichtrio* op. 20 beginnt in mehrfacher Hinsicht ein neuer Schaffensabschnitt. Nach dreizehn Jahren schrieb Webern, nämlich nach den *Cellostücken* op. 11, wieder ein Instrumentalwerk. Zum zweiten sind die Tastversuche im Bereich der Zwölftonmusik nun überwunden, und endlich ist dies das erste von drei Werken, die zweisätzig geblieben sind und in denen das Prinzip der Variation, intern oder ausdrücklich (wie im zweiten Satz von Opus 21) mit der Dodekaphonie geradezu sublim verbunden worden ist. Im Trio kann man unschwer nachempfinden, was Boulez für das Gesamtschaffen Weberns festgestellt hat[298], daß der Komponist bestrebt ist, «die Artikulation der Klangrede so weit wie möglich auf die reihenmäßige Funktion allein zurückzuführen». Erwin Stein hat eine an vielen Orten wiedergegebene Analyse des Trios hergestellt, die offensichtlich Weberns Zustimmung gefunden hat. Stein konstatiert für den ersten Satz eine Rondoform, für den zweiten einen Sonatensatz. Metzger merkt hierzu an, daß der nicht versierte Laie, der um solche Formbezüge nicht weiß, das Stück vielleicht besser hört als der Fachmann.[299] Die Reihe des Opus 21, die aus jeweils sechs Halbtonschritten besteht, hat Konsequenzen gehabt für die strukturale Gestaltung des Werkes. Webern hat mit ihrer Hilfe dem Klangraum eine Struktur gegeben, ihn auffasern können, womit er sich als einziger aus dem Schönberg-Kreis einer neuen Klangdimension bewußt gewesen ist.[300] Der Unterschied zu den voraufgegangenen Opera liegt offen zutage, wobei die Tatsache, daß es sich um eine Instrumentalkomposition handelt, in Rechnung gezogen werden muß. Im ersten Satz entwirft Webern ein in sich verzahntes Klanggewebe, in dem Artikulationsart und Dynamik fast von Ton zu Ton wechseln. Der pointillistische Stil der Seriellen nach 1950 wird antizipiert, wenngleich die motivischen Zusammenhänge, zum Teil auf der Basis der Imitation in Form eines Figurenspiels, beim Hören zu kontrollieren sind. Der zweite Satz entwickelt festere Klanggestalten; dennoch wird der Grundsatz von lyrischer Introversion in keinem Takt aufgegeben. Lediglich angedeutet sei hier, daß Webern im Trio mit Spiegel-, Umkehrungs- und motivischen Variationsformen gearbeitet hat, die – übernommen aus der barocken Formpraxis – für die dodekaphonische Kompositionsweise verbindlich geworden sind.

Die *Symphonie* op. 21 ist ein Jahr nach dem Trio entstanden. Der Titel des Werkes gaukelt Mahlersche Besetzung vor. In Wirklichkeit ist sie eingegrenzt. Zu Klarinette und Baßklarinette – zwei Lieblingsinstrumenten Weberns – treten zwei Hörner, eine Harfe und das Streichquartett. Es fehlen mithin viele Bläser, jegliches Schlagzeug und die Kontrabässe. Die Kompositionsart des Trios scheint in der Symphonie, ins Großformatige projiziert, wieder auf. Der zweite Satz, sieben Variationen auf ein zehntaktiges Thema mit einem Übergangstakt, erinnert an den Passacaglien-Baß aus Opus 1. Auch der Besetzung und dem Umfang nach ist die der jüngsten Webern-Tochter Christine gewidmete *Symphonie* das erste Werk dieser Art nach der *Passacaglia*. Die Zwölftonreihe zu benennen macht Schwierigkeiten, zumal Webern sie entgegen der orthodoxen Lehre Schönbergs nicht nackt präsentiert, sondern mit Wiederholungstönen durchsetzt. Webern hat sich hier wie auch anderswo also nicht dem Zwang gebeugt, Reihen ablaufen zu lassen, wenn spezifische Strukturbildungen wichtiger waren.[301] Als Berg die Reihe in Weberns

Opus 20 glaubte herausgefunden zu haben, riet dieser ihm von derartigen Mühen ab: ... *hör auf, Dich damit zu quälen.* Die Besonderheit der Reihe und der aus ihr folgenden Charakteristik des zweiten Satzes der *Symphonie* op. 21 hat Webern selbst in seinen Vorträgen benannt: *Sie hat die Eigentümlichkeit, daß der zweite Teil der Krebs der ersten ist. Das ist ein besonders inniger Zusammenhang. Es gibt also hier nur 24 Formen, weil immer je zwei identisch sind.*[302]

Weberns Kompositionsmethode entwickelt sich ab jetzt im vollständigen Reihendenken, das außerdem die formale Anlage seiner Stücke beeinflußt und mit überkommenen Polyphoniekünsten zur Synthese gebracht ist. Nach Adorno sollen die Reihen bei Webern, im Gegensatz zu Schönberg, nun «virtuell selber komponieren»[303]. Der erste Satz der *Symphonie* ist ein vierstimmiger Doppelkanon in Gegenbewegung, in den ein Krebskanon interpoliert ist. Auch im zweiten Satz gibt es zwischen einzelnen Variationen Korrespondenzen im Sinne formaler Rückläufigkeit oder Umkehrung in der intervallischen Struktur. Webern hat sich selbst dazu geäußert: *Was Sie hier sehen – Krebs, Kanon etc. – es ist immer dasselbe –, ist nicht in dem Sinne zu nehmen, daß es «Kunststückerln» sind – das wäre lächerlich! – Möglichst viele Zusammenhänge sollen geschaffen werden, und daß es viele Zusammenhänge sind, werden Sie zugeben müssen.*[304]

Beim *Quartett für Geige, Klarinette, Tenor-Saxophon und Klavier* op. 22, das Webern dem Architekten Adolf Loos zu dessen 60. Geburtstag 1930 widmete, steht eine nach Spiegelungs-Prinzipien ausgerichtete Motiv-Arbeit im Vordergrund. Auffallend ist die Kreuz- und Quer-Beziehung von Zweiton- und Dreiton-Gruppen, die meist sehr kurz, oft noch mit Vorschlägen versehen, erklingen, was dem Quartett insgesamt den Charakter des Scherzosen verleiht. Adorno hat im ersten Satz einen sublimierten Ländler erkennen wollen.[305]

In seinen Opera 23 und 24 kehrte Webern noch einmal zum Klavierlied zurück (*Drei Gesänge* aus «Viae inviae» und drei Lieder). Beiden Zyklen liegen Texte Hildegard Jones zugrunde, der ab jetzt einzigen Autorin für seine noch entstehenden Vokalkompositionen. Webern hat in diesen Gesängen zum letztenmal das Beispiel für ein strikt partnerschaftlich gerichtetes Musizieren gegeben. Der instrumentale Gestus der Singstimme erscheint gegenüber früher wieder etwas zurückgenommen, was die intervallische Spezifik jedoch nicht negativ beeinflußt hat. Opus 23 zeigt einen großbogigen Zusammenhang als Modifikation von Kantabilität; in Opus 25 ist dieser weiträumig expressiv aufgebrochen. Die der Textautorin zugeeigneten *Drei Gesänge* op. 23 entstanden 1933/34, der zweite Zyklus wurde 1934/35 komponiert. Letzterer ist eng verknüpft mit der Arbeit am *Konzert für Flöte, Oboe, Klarinette, Horn, Trompete, Posaune, Geige, Bratsche und Klavier* op. 24, das Schönberg zum 60. Geburtstag gewidmet ist. Diese Komposition ist ab 1950 zum Anknüpfungspunkt für die junge Avantgarde geworden.

Die Zwölftonreihe ist in vier Dreiton-Gruppen gegliedert, die untereinander in engem Zusammenhang stehen. Die zweite Gruppe ist die Krebsumkehrung der ersten, die dritte der Krebs der zweiten und die vierte die Umkehrung der ersten. Wird die Reihe in ihrer Totalität also umgekehrt oder gespiegelt, so gleichen sich einzelne Dreiergruppen der neuen Reihenform stets mit solchen aus der Grundform, was zu einer Identität der Reihen-Varianten in sich führt. Der erste Satz, der überwiegend horizontal verläuft und nach Adorno [306] ein Sonatenmodell darstellt, besteht fast nur aus Dreiton- und Zweiton-Gruppen, so daß beim Hören der Eindruck einer vielfarbigen Eindimensionalität entsteht: ewig Gleiches kehrt auf immer neue Weise wieder und wandert dabei durch die neun Instrumente. Im Grunde aber reduziert sich das kompositorische Material im Opus 24 auf ein Dreitonmotiv, das für die drei Sätze verbindlich wird. Die musikalische Gestaltgleichheit der Sätze in sich – erster Satz: Dreitonmotive horizontal gespiegelt; zweiter Satz: Zweitonmotive, von denen jeder Ton überwiegend als zweitöniger Akkord in die Vertikale strebt; dritter Satz: eine aus der Dreitönigkeit entwickelte Kombination aus horizontal fortschreitendem und vertikal stehendem Klang – diese Gestaltengleichheit garantiert trotz enger, nur auf analytischem Wege zu ermittelnder technischer Verzahnung doch ein rein auditives Verständnis der Musik. Zu der seltsam faszinierenden Verbindung von Technik und Höreindruck hat Webern selbst die Lösung gegeben: *Immer verschieden und doch immer dasselbe! Wo immer wir das Stück anschneiden – immer muß der Ablauf der Reihe festzustellen sein. Hierdurch wird der Zusammenhang gewährleistet; es bleibt im Ohr doch etwas hängen, auch wenn es nicht bewußt wird, und wir haben oft die Erfahrung gemacht, daß Sänger unwillkürlich in der Reihe fortsetzen, auch wenn diese in der Singstimme aus irgendeinem Grunde unterbrochen war.* [307]

SPÄTWERK

Theodor W. Adorno [308] hat die Ansicht geäußert, man könne nach den *Trakl-Liedern* oder dem *Streichtrio* Weberns die Empfindung eines Nachlassens kaum loswerden. Ab jetzt sei nicht mehr jenes Knistern zu spüren wie im Werk Klees, weil beim späten Webern der Verdacht eines Materialfetischismus bestehe. Adorno hat hier, wenn auch aus einem falschen Blickwinkel, das Syndrom des Webernschen Spätwerkes kenntlich gemacht. Daß er, der die thematische Reihenarbeit Schönbergs und Bergs ästimierte, den zunächst statischen und dann entwickelnden, aber in erster Linie theoretisch-abstrakten Umgang mit der Dodekaphonie bei Webern nicht als legitime Möglichkeit nachempfinden konnte, wird subjektiv verständlich.

Die nochmalige Beschäftigung Weberns mit Klavierliedern einerseits und sein Übergang zu formal weiter ausholenden, gestisch dagegen weniger ausfahrenden und auf die Binnenstruktur konzentrierten Stücken von Opus 20 bis 25 andererseits mutet wie eine Zäsur in seinem Schaffen an. In den letzten Werken schuf er nun wie aus einer Lebenserfahrung heraus Musterbeispiele für das solistische (op. 27), das kammermusikalische (op. 28), das orchestrale (op. 30) und das vokale Stück, dieses in Kombination aus Solo, Chor und Orchester (op. 26, 29, 31).

Bereits in der Werkgruppe ab dem *Streichtrio* war eine gewandelte

Einstellung zum Material manifest geworden. Křenek hat in diesem Zusammenhang von Produkten einer «klassizistischen, sogar akademischen Askese» gesprochen.[309] Hört man jedoch die zweite *Kantate* op. 31, kann von Askese oder Klassizismus nicht die Rede sein. Zunächst sind die Werke dieser letzten Phase sehr unterschiedlich im Charakter. In Wirklichkeit gelingt Webern hier eine Synthese sui generis, die nicht die Vermittlung zwischen Material, Werkidee und Werkgestalt bedeutet, sondern eine Zusammenfassung aller Erfahrungen seit 1906.

Da gelang ihm 1935 die Kantate *Das Augenlicht* op. 26, der ältesten Tochter Amalie Waller gewidmet und gesetzt für gemischten Chor und Orchester. Das Werk ist beseelt von einer Subtilität, einer Sanftheit der Übergänge und einem Nuancenreichtum innerhalb verschwebender Metren, Rhythmen und Dynamikwerte, daß man an die empfindlichsten Aphorismen aus der Zeit um 1910 denkt. Andererseits ist der Chorsatz festgefügt und beschwört den Gestus des George-Chorkanons *Entflieht auf leichten Kähnen* op. 2. Streng kanonischen Durchbildungen, auch in der Umkehrung, stehen freiere Klangbilder gegenüber, vor allem aber eine Farbigkeit, der alle Schwere schon von der Orchesterbesetzung her (keine Kontrabässe, dafür aber die obertonreiche Mandoline) fremd ist. Dallapiccola hat die Uraufführung des *Augenlichts* 1938 in London unter Scherchen gehört, und 1942 hat ihm Webern in Wien bestätigt, wie sehr es ihm zu dieser Zeit um das delikate Ausgewogensein einer Partitur ging. Dallapiccola erinnert sich Weberns Worte: «Ein Akkord von drei Trompeten oder vier Hörnern ist für mich nunmehr unvorstellbar.»[310]

Das einzige Klavierwerk Weberns, die *Variationen* op. 27, entstanden 1937, wurden Eduard Steuermann gewidmet. Sie basieren im Reihen-Geschehen auf horizontalen und vertikalen Spiegelsymmetrien[311] in Satz 1 und 2, die Schnebel als Vorsätze für den dritten, ein Thema mit Variationen, auffaßt.[312] Laut Stadlen[313] hat Webern den ersten Satz mit einem Brahms-Intermezzo, den zweiten mit der Badinerie aus Bachs h-Moll-Suite verglichen. Webern verstand das Werk als *eine Art «Suite»* und schrieb dazu an die Humpliks: *Ich hoffe mit den Variationen etwas schon seit Jahren vorgestelltes verwirklicht zu haben.*[314]

Adorno hat Webern an Hand der Klaviervariationen unterstellt: «Kaum etwas geschieht nun mehr, kaum länger dringen Intentionen durch, sondern der Komponist faltet vor seinen Tönen und ihren Grundrelationen anbetend die Hände», und auf eine «totale Versachlichung» geschlossen.[315]

Einer solchen Versachlichung scheint Webern im *Streichquartett* noch nähergekommen zu sein. Der innere Beziehungsreichtum der Zwölftonreihe ist so dicht wie kaum bei einer zweiten zuvor. Die ersten vier Noten sind das B-A-C-H-Motiv, das in den letzten vier transponiert wiederkehrt. Das mittlere ist deren Umkehrung. Teilt man die Reihe in zwei Sechsergruppen, so ist die zweite die Krebsumkehrung der ersten. Die selbst aber ist identisch mit ihrem Krebs, nur daß dieser zugleich die Umkehrung der Grundreihe darstellt. In der Ausführung der drei Sätze des *Streichquartetts* überlappen sich auf Schritt und Tritt die Reihenbeziehungen und grenzen den kompositorischen Freiraum ein. So waren

die Skeptiker gegenüber diesem Werk immer zahlreich, und Adorno hat gar von bloß noch einförmigen, symmetrischen Präsentationen der Reihenwunder gesprochen.[316] Interessant sind Erläuterungen von Webern selbst zu seinem Quartett, in einem Brief an Kolisch und einer Analyse an Erwin Stein[317], aus denen hervorgeht, in welchem Ausmaß das Durchdringen der Musik mit Reihengestalten eine Kombination der Formen nach sich gezogen hat. Nach Weberns eigener Anschauung verschränken sich hier Variationen-Satz und Adagio-Form, Scherzo und Doppelfuge, Kanon und Rondo ineinander. Im Endeffekt läuft das Werk als ganzes auf eine Metamorphose des B-A-C-H-Motivs hinaus.

Kann man im Quartett, das Webern nach Amerika gab und Elizabeth Sprague Coolidge widmete, mit Vorbehalt von einer gewissen Zwölfton-Orthodoxie sprechen, so löst diese sich wieder in den drei letzten Werken, obwohl zumindest die Opera 29 und 30 auf ebenso kunstvoll-verschlungenen Reihen basieren wie das Quartett. In der ersten *Kantate* war es die Einbeziehung der menschlichen Stimme, die Webern eine andere Art der musikalischen Struktur aufnötigte wie in allen seinen Vokalkompositionen. Die zweite *Kantate* op. 31, bei der die Reihe ohne verzweigte Binnenstruktur erfunden ist, gibt sich von der Gesamtanlage her eingänglich. Über die Werner Reinhart gewidmeten *Variationen* op. 30 hat Webern an Willi Reich am 3. Mai 1941 geschrieben: *Das «Thema» der Variationen reicht bis zum ersten Doppelstrich; es ist periodisch gedacht, hat aber «einleitenden» Charakter. – Es folgen sechs Variationen (je bis zum nächsten Doppelstrich). Die erste sozusagen das Hauptthema der Ouvertüre (Andanteform) in voller Entfaltung bringend; die zweite* die Überleitung, die dritte den Seitensatz, die vierte die Reprise des Hauptthemas – es ist ja eine Andanteform! – aber in durchführender Art, die fünfte, Art der Einleitung und Überleitung wiederholend, führt zur Coda: sechste Variation.[318]

Wie er hier die Ouvertüre als übergreifende Form heranzieht, so für die zweite *Kantate* das Rezitativ. Ein andermal spricht er von dieser als von einer missa brevis mit den sechs Abschnitten als deren Sätzen.[319] Gegenüber Hueber meint er, noch nie vorher etwas so Strenges gemacht zu haben. Auffallend ist in beiden Kantaten, daß Webern die Solopartien mit komplizierterer Intervallik und Rhythmik bedenkt als die Chorstellen. Tatsache bleibt, daß trotz aller Bezüge auf tradierte Formtypen und trotz nahezu niederländischer Polyphoniekünste – man sehe sich den Schlußchor im Opus 31 darauf an – die Bindungen an musikalische Vergangenheit nunmehr erinnerungshaft wie Schemen auftauchen. Webern glaubte an eine Vorfixierung seiner Musik durch die Reihe. Er mißt ihr, wie im fünften Satz der zweiten Kantate, eine *ganz besondere Bedeutung, in einer höheren Ebene sozusagen, wie etwa die Choralmelodien in den Bearbeitungen Bachs* bei.[320] Andererseits wußte er, daß nur Interpreten-Enthusiasmus seiner Musik zum Leben verhilft. Als die Uraufführung seiner *Variationen* op. 30 in Winterthur bevorstand, schrieb er an Reich: *Wenn man schon aufführt, dann muß es aber die richtige sinnliche Erscheinung geben. Schwelgt in Klängen, dann tut ihr recht, Dirigenten!*[321] So behält ein Satz Christian Wolffs von 1955 seine Bedeutung, weil er umfaßt, was zum Werk Weberns, wenn man es als Totale überblickt, heute zu sagen ist und weiter zu sagen sein wird: «In ihren besten Schöpfungen ist Weberns Musik von drahtiger Stärke, gefährlich gespannt, zugleich dünn und konzentriert, und zart. Sie ist nur Selbstausdruck und vermag daher ins Unendliche zu reichen und einzudringen. Sie bedarf keines außermusikalischen Bezugs – historisch, literarisch, psychologisch, dramatisch oder was immer – ...»[322]

Anton Webern

ANMERKUNGEN

1 Theodor W. Adorno: «Anton von Webern» [1932]. In: Adorno, «Impromptus». Frankfurt a. M. 1968. S. 45

2 Friedrich Wildgans: «Anton Webern». Tübingen 1967. S. 17

3 Ebd.

4 Briefliche Mitteilung an den Autor vom 20. Februar 1973

5 In: «Die Welt» vom 23. März 1972

6 In Vorbereitung durch Hans Moldenhauer (lt. Mitteilung von Amalie Waller; s. Anm. 4)

7 Heinz Schöny: «Von den Vorfahren Anton Weberns». In; «Österreichische Musikzeitschrift» 3 (1972), S. 167

8 Ebd.

9 Webern an Alban Berg, 23. Mai 1913

10 Wildgans, a. a. O., S. 18

11 Hans Heinz Stuckenschmidt: «Anton von Webern». In: «Die großen Komponisten unseres Jahrhunderts». München 1971

12 Bei Carl Fischer, Inc.; Auslieferung für Europa bei Boosey & Hawkes, London

13 *Perspectives.* Zusammengestellt von Hans Moldenhauer, hg. von Demar Irvine. Seattle–London 1966. S. 122

14 Wildgans, a. a. O., S. 22

15 *Perspectives*, a. a. O., S. 122 f

16 Wildgans, a. a. O., S. 20

17 Ebd.

18 Hansjörg Pauli: «Webern, revisited» [Funkmanuskript Hessischer Rundfunk]. 1973. S. 8

19 Wildgans, a. a. O., S. 22

20 Ebd., S. 23 f

21 Ebd., S. 25

22 Bei Walter Kolneder: «Anton Webern». Rodenkirchen 1961. S. 9, als «Ballade ‹Jung Siegfried› für Sopran und Orchester» bezeichnet, was überholt sein dürfte

23 Wildgans, a. a. O., S. 27

24 Webern an Berg, 10. Oktober 1911

25 Wildgans, a. a. O., S. 33

26 Ebd., S. 29

27 Ebd., S. 32

28 Ebd., S. 35

29 Ebd., S. 36; vgl. zu dem Verhältnis zwischen Guido Adler und Arnold Schönberg Friedhelm Döhl: «Weberns Beitrag zur Stilwende der Neuen Musik». Göttingen 1966. S. 134 f

30 Wildgans, a. a. O., S. 37

31 Ebd., S. 38

32 Ebd., S. 39

33 Robert Schollum: «Die Wiener Schule». Wien 1969. S. 31 f

34 Ebd.

35 *Bekenntnis zu Arnold Schönberg.* In: «Arnold Schönberg». München 1912; zit. aus «Die Reihe» 2: «Anton Webern». Wien 1955. S. 16 f

36 Ebd.
37 *Zum 50. Geburtstag Arnold Schönbergs*. In: «Arnold Schönberg zum 50. Geburtstage». [Sonderheft] «Musikblätter des Anbruch». Wien 1924; zit. nach Schollum (s. Anm. 33)
38 Josef Polnauer: «Paralipomena zu Berg und Webern». In: «Österreichische Musikzeitschrift» 5/6 (1969), S. 294 f; vgl. auch *Der Weg zur neuen Musik*. Wien 1960. S. 52
39 Wildgans, a. a. O., S. 38
40 Willi Reich (Hg.): «Anton Webern. Weg und Gestalt». Zürich 1961. S. 18 f
41 *Der Weg zur neuen Musik*. Wien 1960
42 Wildgans, a. a. O., S. 46
43 Ebd., S. 47
44 Stuckenschmidt, a. a. O.
45 Frederick Deutsch-Dorian: «Webern als Lehrer». In: «Melos» 4 (1960), S. 101
46 Wildgans, a. a. O., S. 48
47 Vgl. Döhl, a. a. O., S. 181
48 Hans Moldenhauer: «Anton von Webern. Neue Sichten». In: «Österreichische Musikzeitschrift» 3 (1972), S. 114 f
49 Ursula von Rauchhaupt (Hg.): «Die Streichquartette der Wiener Schule. Schoenberg, Berg, Webern». Hamburg 1971. S. 121 Anm. 3
50 Wildgans, a. a. O., S. 50 f
51 Ebd., S. 52
52 Ebd., S. 53
53 Webern an Berg, 20. November 1910
54 Webern an Berg, 18. Januar 1911
55 Webern an Berg, 12. April 1911
56 Webern an Berg, 8. September 1911
57 Wildgans, a. a. O., S. 54
58 Webern an Berg, 18. Januar 1911
59 Wolfgang Schreiber: «Gustav Mahler». Reinbek 1971 (= rowohlts monographien. 181). S. 122
60 Wildgans, a. a. O., S. 56 f
61 Briefwechsel Alban Berg und Anton Webern (unveröffentlicht)
62 Anm. von Josef Polnauer in: Briefwechsel (s. Anm. 61)
63 Wildgans, a. a. O., S. 59
64 Friedrich Wildgans: «Gustav Mahler und Anton von Webern». In: «Österreichische Musikzeitschrift» 6 (1960), S. 302
65 Reich, a. a. O., S. 15
66 Ebd., S. 16
67 Schreiber, a. a. O., S. 107
68 Webern an Berg, 8. September 1911
69 Moldenhauer, a. a. O., S. 117
70 Webern an Berg, 17. Dezember 1911
71 Hans Heinz Stuckenschmidt: «Schönberg. Leben, Umwelt, Werk». Zürich–Freiburg i. B. 1974. S. 158
72 Ebd., S. 159
73 Webern an Berg, 24. April 1912
74 Wildgans, a. a. O., S. 64 f
75 Ebd., S. 67

76 Ebd., S. 65
77 Ebd., S. 66
78 Stuckenschmidt, a. a. O., S. 162
79 Wildgans, a. a. O., S. 66
80 Ebd., S. 68
81 Webern an Berg, 7. August 1913
82 «Alban Berg. Briefe an seine Frau». München–Wien 1965. S. 242
83 Moldenhauer, a. a. O., S. 114 f
84 Webern an Berg, 3. September 1914
85 Webern an Berg, 4. September 1914
86 «Die Reihe» 2: «Anton Webern», a. a. O., S. 20
87 Wildgans, a. a. O., S. 76
88 Ebd., S. 78
89 Ebd., S. 79
90 Egon Wellesz: «Begegnungen in Wien». In: «Melos» 1 (1966), S. 6
91 Webern an Berg, 21. April 1920
92 Rudolf Stephan: «Weberns Werke auf deutschen Tonkünstlerfesten». In: «Österreichische Musikzeitschrift» 3 (1972), S. 121 f
93 Webern an Berg, 19. Juni 1922
94 Stephan, a. a. O., S. 123
95 Rauchhaupt, a. a. O., S. 125 f
96 David Josef Bach: «Zur Erinnerung». In: «Kunst und Volk» Jg. 1/1926, Nr. 3, sowie «Fünfundzwanzig Jahre Arbeiter-Sinfonie-Konzert». In: «Kunst und Volk» Jg. 4/1929, Nr. 2
97 Bach, «Zur Erinnerung», a. a. O., S. 2
98 Bach, «Fünfundzwanzig Jahre Arbeiter-Sinfonie-Konzert», a. a. O., S. 43
99 Josef Polnauer verlegt die Gründung in einer Anmerkung zum Briefwechsel Alban Berg und Anton Webern (s. Anm. 61) ins Jahr 1919. Dieser Zahl widerspricht das Jubiläumskonzert zum zehnjährigen Bestehen des Chores am 10. Dezember 1933 im Großen Musikvereinssaal unter Weberns Leitung
100 Im Besitz von Klara Kwartin
101 Max Rieple: «Musik in Donaueschingen». Konstanz 1959
102 Mitteilung Hans Swarowskys an den Autor
103 Eberhard Freitag: «Arnold Schönberg». Reinbek 1973 (= rowohlts monographien. 202). S. 102
104 «Die Reihe» 2: «Anton Webern», a. a. O., S. 21
105 Mitteilung Georg Skudniggs an den Autor
106 Wildgans, a. a. O., S. 98
107 «Die Reihe» 2: «Anton Webern», a. a. O., S. 21 f
108 Wildgans, a. a. O., S. 99
109 «Die Reihe» 2: «Anton Webern», a. a. O., S. 22
110 Ernst Křenek: «Anton Weberns Skizzenbücher». In: «Melos» 2 (1970), S. 121
111 Wildgans, a. a. O., S. 98
112 Mündliche Mitteilung an den Autor
113 Wildgans, a. a. O., S. 100
114 Ebd., S. 103 f
115 Briefe an Hildegard Jone und Josef Humplik. Wien 1959. S. 13
116 Ebd., S. 14

117 Ebd., S. 15
118 Adorno, a. a. O., S. 175
119 Vgl. Friedhelm Döhl: «Die Welt der Dichtung in Weberns Musik». In: «Me-los» 3 (1961), S. 88 f
120 Wildgans, a. a. O., S. 105
121 *Briefe . . .*, a. a. O., S. 18
122 Ebd.
123 Ebd.
124 *Der Weg zur neuen Musik.* Wien 1960
125 Gordon Claycombe: «Personal Recollections of Webern in Vienna 1929–1934». In: «Beiträge '72/73 der Österreichischen Gesellschaft für Musik». Kassel 1973
126 Wildgans, a. a. O., S. 106
127 *Briefe . . .*, a. a. O., S. 19
128 Ebd., S. 83
129 Arnold Schönberg: «Briefe». Hg. von Erwin Stein. Mainz 1958. S. 180
130 «BZ am Mittag» (Berlin) vom 2. Dezember 1933
131 Schriftliche Mitteilung an den Autor
132 *Briefe . . .*, a. a. O., S. 23
133 Reich, a. a. O., S. 47
134 «23» 14 (1933), S. 8
135 Ebd., S. 9
136 Reich, a. a. O., S. 50 f
137 *Briefe . . .*, a. a. O., S. 26. Josef Polnauer datiert dieses Konzert in einer An-merkung zum Briefwechsel Alban Berg und Anton Webern (s. Anm. 61) be-reits auf den 23. April 1933, was nicht stimmen kann
138 *Briefe . . .*, a. a. O., S. 30
139 Hans Ferdinand Redlich: «Alban Berg». Wien–Zürich–London 1957. S. 293 f
140 *Briefe . . .*, a. a. O., S. 33
141 «Die Reihe» 2: «Anton Webern», a. a. O., S. 25
142 Redlich, a. a. O., S. 379
143 Mitteilung an den Autor
144 «Die Reihe» 2: «Anton Webern», a. a. O.
145 Wildgans, a. a. O.
146 In: «Beiträge '72/73 der Österreichischen Gesellschaft für Musik», a. a. O., S. 22
147 *Briefe . . .*, a. a. O., S. 31
148 Ebd., S. 32
149 Ebd., S. 34
150 Ebd., S. 35
151 Ebd.
152 Ebd., S. 36
153 Wildgans, a. a. O., S. 111
154 *Briefe . . .*, a. a. O., S. 37
155 Rauchhaupt, a. a. O., S. 131
156 Ebd., S. 135
157 Döhl, «Weberns Beitrag . . .», a. a. O., S. 786
158 *Briefe . . .*, a. a. O., S. 39
159 Ebd., S. 40

160 Luigi Dallapiccola: «Begegnung mit Anton Webern». In: «Melos» 4 (1965), S. 115 f
161 Willi Reich: «Briefe aus Weberns letzten Lebensjahren». In: «Österreichische Musikzeitschrift» 8 (1965), S. 407
162 Ebd.
163 *Briefe . . .*, a. a. O., S. 38
164 Reich, «Anton Webern», a. a. O., S. 58 f
165 *Briefe . . .*, a. a. O., S. 48
166 Kolneder, a. a. O., S. 12
167 *Briefe . . .*, a. a. O., S. 43
168 Ebd., S. 49
169 Ebd., S. 52
170 Ebd., S. 53
171 Reich, a. a. O., S. 65
172 *Briefe . . .*, a. a. O., S. 54
173 Ebd., S. 103 (Anmerkung Josef Polnauers zu Brief 126)
174 Ebd., S. 105
175 Ebd., S. 56
176 Ebd., S. 62
177 Wildgans, a. a. O., S. 112 f
178 Mitteilung an den Autor
179 «Die Reihe» 2: «Anton Webern», a. a. O., S. 28
180 Hans Moldenhauer: «Der Tod Anton von Weberns». Wiesbaden 1970
181 Ebd., S. 141
182 Ebd., S. 126
183 *Briefe . . .*, a. a. O., S. 63
184 Gottfried Kraus: «Weberns Nachlaß in den USA». In: «Österreichische Musikzeitschrift» 11 (1961), S. 558
185 Mündliche Auskunft durch Raimund Atzinger, Purkersdorf
186 Pauli, a. a. O., S. 6
187 Hans Swarowsky: «Anton von Webern. Bemerkungen zu seiner Gestalt». In: «Beiträge '72/73 der Österreichischen Gesellschaft für Musik», a. a. O., S. 14 f
188 Ebd.
189 Dallapiccola, a. a. O.
190 *Perspectives*, a. a. O., S. 42
191 Webern soll lt. Josef Polnauers Anmerkung im unveröffentlichten Briefwechsel mit Alban Berg das Violinkonzert schon am 1. Mai 1936 in London dirigiert haben
192 Stuckenschmidt, «Anton von Webern», a. a. O.
193 Alma Mahler-Werfel: «Mein Leben». Frankfurt a. M.–Hamburg 1963 (= Fischer-Bücherei. 545). S. 66
194 Claycombe, a. a. O., S. 31
195 Swarowsky, a. a. O., S. 17
196 Mündliche Mitteilung Amalie Wallers an den Autor
197 «Die Reihe» 2: «Anton Webern», a. a. O., S. 23 f
198 Heinz Klaus Metzger: «Geistliche Aspekte der Webernschen Musik» [Funkmanuskript Hessischer Rundfunk]. 1972
199 Cesar Bresgen: «Anton Webern in Mittersill». In: «Österreichische Musik-

zeitschrift» 5 (1961), S. 226

200 Stuckenschmidt, «Schönberg», a. a. O., S. 134

201 Hans Heinz Stuckenschmidt: «Musik des 20. Jahrhunderts». München 1969. S. 149

202 Kolneder, a. a. O., S. 165

203 Pauli, a. a. O., S. 30

204 *Der Weg zur neuen Musik*, a. a. O., S. 20 f

205 Ebd.

206 Brief vom 5. September 1973 an den Autor

207 Vgl. S. 72

208 Briefliche Mitteilung an den Autor

209 Briefliche Mitteilung von Wilhelm Prodinger (Mödling) an den Autor

210 Hans Moldenhauer: «Weberns letzte Gedanken». In: «Melos» 7/8 (1971), S. 273

211 Wildgans, a. a. O., S. 15

212 Döhl, «Die Welt . . .», a. a. O., S. 88

213 Moldenhauer, a. a. O.

214 Heinrich Strobel: «So sehe ich Webern». In: «Melos» 9 (1965), S. 285

215 Vgl. «Die Reihe» 2: «Anton Webern», a. a. O., S. 23

216 Vgl. Swarowsky, a. a. O., S. 20

217 Wildgans, a. a. O., S. 33

218 Strobel, a. a. O.

219 Amalie Waller: «Mein Vater Anton von Webern». In: «Österreichische Musikzeitschrift» 6/7 (1968)

220 Pauli, a. a. O., S. 21

221 Ebd.

222 Deutsch-Dorian, a. a. O., S. 101 f

223 Peter Heyworth (Hg.): «Gespräche mit Klemperer». Frankfurt a. M. 1974. S. 41

224 Vgl. entsprechende Passagen aus dem österreichischen Fernsehfilm «Nach dem Tode anerkannt werden» von Rudolf Klein

225 Ebd.

226 Deutsch-Dorian, a. a. O.

227 Pauli, a. a. O.

228 «Die Reihe» 2: «Anton Webern», a. a. O., S. 18

229 Claycombe, a. a. O.

230 In: «Beiträge '72/73 der Österreichischen Gesellschaft für Musik», a. a. O., S. 20

231 Vgl. Dieter Schnebel: «Konzept über Webern». In: Schnebel, «Denkbare Musik». Köln 1972. S. 46

232 Pierre Boulez: «Werkstatt-Texte». Frankfurt a. M.–Berlin 1972. S. 75

233 «Die Reihe» 2: «Anton Webern», a. a. O., S. 22

234 Wolfgang Burde: «Anton von Weberns instrumentale Miniaturen». In: «Neue Zeitschrift für Musik» 6 (1971), S. 286 f

235 Theodor W. Adorno: «Anton von Webern». In: Adorno, «Klangfiguren». Frankfurt a. M. 1959. S. 157 f

236 Vgl. *Der Weg zur neuen Musik*. Wien 1960

237 Dallapiccola, a. a. O.

238 Heyworth, a. a. O., S. 138

239 Friedrich Cerha: «Die Wiener Schule und die Gegenwart». In: «Österreichische Musikzeitschrift» 6/7 (1961), S. 43
240 Adorno, a. a. O., S. 167
241 *Perspectives*, a. a. O., S. 241
242 Willi Reich: «Ein verschollener Webern-Text». In: «Melos» 1 (1969), S. 9
243 Adorno, a. a. O., S. 47
244 Schnebel, a. a. O., S. 45
245 Dallapiccola, a. a. O.
246 Schnebel, a. a. O., S. 43
247 Vgl. Herbert Eimert: «Die notwendige Korrektur». In: «Die Reihe» 2: «Anton Webern», a. a. O., S. 37
248 Hans Mersmann: «Moderne Musik». Potsdam 1928. S. 144, sowie «Deutsche Musik des 20. Jahrhunderts im Spiegel des Weltgeschehens». Rodenkirchen 1958. S. 22 f
249 Igor Strawinsky: «Gespräche mit Robert Craft». Zürich 1961. S. 226
250 Bresgen, a. a. O.
251 Ebd.
252 Vgl. Pauli, a. a. O., S. 8
253 Polnauer, a. a. O., S. 294
254 Ernst Křenek: «Neue Musik auf Schallplatten». In: «Melos» 10 (1958), S. 304
255 Willi Reich: «Webern auf Schallplatten». In: «Schweizerische Musikzeitung» 5 (1960)
256 Vgl. Helga de la Motte-Haber: «Musikkritik und Reklame». In: «Neue Zeitschrift für Musik» 5 (1972), S. 242
257 Das ergeben Vergleiche der gedruckten Ausgaben mit den Faksimiles (vgl. *Perspectives*, a. a. O., S. 33 f)
258 Vgl. Pauli, a. a. O., S. 8, 14
259 Heinz Klaus Metzger: «Über Anton Weberns Streichquartett 1905» [Funkmanuskript Hessischer Rundfunk]. 1972
260 Moldenhauer, «Anton von Webern», a. a. O., S. 117 f
261 Vgl. Reinhard Gerlach: «Die Dehmel-Lieder von Anton Webern». In: «Jahrbuch des Staatlichen Instituts für Musikforschung. Preußischer Kulturbesitz». Berlin 1971. S. 45 f
262 Rudolf Stephan: «Anton von Webern». In: «Deutsche Universitäts-Zeitung» 13/14 (1956)
263 Vgl. Hanspeter Krellmann: «Studien zu den Bearbeitungen Ferruccio Busonis». Regensburg 1966
264 «Die Reihe» 2: «Anton Webern», a. a. O., S. 26
265 Kolneder, a. a. O., S. 22
266 «Die Reihe» 2: «Anton Webern», a. a. O., S. 27
267 Vgl. Kolneder, a. a. O., S. 18
268 *Der Weg zur neuen Musik*, a. a. O., S. 41
269 Hanns Eisler: «Materialien zu einer Dialektik der Musik». Leipzig 1973. S. 328
270 *Der Weg zur neuen Musik*, a. a. O.
271 Ebd., S. 48
272 Adorno, a. a. O., S. 165
273 Reich, «Anton Webern», a. a. O., S. 59

274 Döhl, a. a. O., S. 244

275 Kolneder, a. a. O., S. 44

276 Reich, a. a. O., S. 53 f

277 Ebd., S. 59

278 Stuckenschmidt, «Anton von Webern». In: «Die großen Komponisten . . .», a. a. O.

279 Döhl, a. a. O., S. 247

280 Ebd., S. 259

281 *Der Weg zur neuen Musik*, a. a. O., S. 55

282 Kolneder, a. a. O., S. 67 f

283 Stuckenschmidt, «Musik . . .», a. a. O., S. 55

284 Adorno, a. a. O., S. 169

285 Gerth-Wolfgang Baruch: «Anton von Webern». In: «Melos» 12 (1953), S. 337

286 Ebd.

287 Adorno, a. a. O., S. 171

288 Křenek, a. a. O.

289 Vgl. die Zeittafel bei Kolneder, a. a. O., S. 71

290 *Briefe . . .*, a. a. O., S. 13

291 Stuckenschmidt, a. a. O., S. 145

292 Metzger, «Geistliche Aspekte . . .», a. a. O., S. 12 f

293 *Der Weg zur neuen Musik*, a. a. O., S. 26

294 Ebd., S. 46

295 Kolneder, a. a. O., S. 80 f

296 Döhl, a. a. O., S. 339 f

297 Vgl. Dorothea Beckmann: «Sprache und Musik im Vokalwerk Anton Weberns». Regensburg 1970

298 Pierre Boulez: «Tendenzen – 1957». In: Boulez, a. a. O., S. 94

299 Heinz Klaus Metzger: «Einleitung in einige Aspekte der Wiener Schule». (Kommentar zur Schallplatten-Kassette «Die neue Wiener Schule»). Köln o. J.

300 Boulez, a. a. O., S. 92

301 Vgl. Konrad Hupfer: «Webern greift in die Reihenmechanik ein». In: «Melos» 9 (1967), S. 290

302 *Der Weg zur neuen Musik*, a. a. O., S. 60

303 Adorno, a. a. O., S. 174

304 *Der Weg zur neuen Musik*, a. a. O.

305 Adorno, a. a. O., S. 175

306 Ebd.

307 *Der Weg zur neuen Musik*, a. a. O., S. 59

308 Adorno, a. a. O.

309 Křenek, a. a. O.

310 Dallapiccola, a. a. O.

311 Vgl. Friedhelm Döhl: «Weberns Opus 27». In: «Melos» 12 (1963), S. 400

312 Zit. n. Kolneder, a. a. O., S. 127

313 Ebd.

314 *Briefe . . .*, a. a. O., S. 34

315 Adorno, a. a. O., S. 176

316 Theodor W. Adorno: «Philosophie der neuen Musik». Frankfurt a. M. 1972

(= Ullstein-B. 2866). S. 101

317 Rauchhaupt, a. a. O., S. 131 f, 137 f
318 *Der Weg zur neuen Musik*, a. a. O., S. 68
319 *Briefe . . .*, a. a. O., S. 55
320 Reich, a. a. O., S. 64
321 Ebd.
322 «Die Reihe» 2: «Anton Webern», a. a. O., S. 66

ZEITTAFEL

1883   Anton Webern am 3. Dezember in Wien geboren

1888   Erster Klavierunterricht bei der Mutter

1890   Die Familie Webern zieht nach Graz

1894   Die Familie Webern zieht nach Klagenfurt, wo Anton Webern das humanistische Gymnasium besucht

1895   Webern erhält seinen ersten regulären Musikunterricht

1899   Erste nachweisbare eigene Komposition Weberns

1902   Abitur in Klagenfurt, Bayreuth-Reise, Universitätsstudium in Wien

1904   Schüler Arnold Schönbergs

1906   Promotion zum Dr. phil. mit einer musikwissenschaftlichen Arbeit; Tod der Mutter; Komposition des Klavierquintetts

1908   Ende des Studiums bei Schönberg; Aushilfskapellmeister am Kurtheater von Bad Ischl; Uraufführung der *Passacaglia* op. 1 in Wien unter Weberns Leitung

1910   Theaterkapellmeister in Teplitz; anschließend Aushilfskapellmeister in Danzig; dort Aufführung der *Passacaglia* unter Webern

1911   Am 22. Februar heiratet Webern seine Kusine Wilhelmine Mörtl; Geburt der Tochter Amalia; danach einjähriger Berlin-Aufenthalt

1912   Kapellmeister in Stettin; Erstveröffentlichung von Kompositionen im «Blauen Reiter» und der Zeitschrift «Der Ruf»

1913   Wohnung in Wien; Skandal bei der Uraufführung der *Orchesterstücke* op. 6 in Wien; Geburt der Tochter Maria

1915   Der Sohn Peter wird geboren; Webern wird eingezogen als Einjährig-Freiwilliger

1917   Vom Militärdienst befreit; Kapellmeister am Deutschen Theater in Prag

1918   Wohnung in Mödling; Vortragsmeister im Verein für musikalische Privataufführungen

1919   Geburt der Tochter Christine; Tod des Vaters Carl von Webern

1920   Kurze Kapellmeistertätigkeit in Prag; Aufnahme ins Verlagsprogramm der Universal Edition

1921   Dirigent des Wiener Schubert-Bundes, Chormeister des Mödlinger Männergesangvereins

1922   Webern dirigiert seine *Passacaglia* auf dem Düsseldorfer Tonkünstlerfest

1922   Aufführung der *Quartettstücke* op. 5 auf dem Internationalen Kammermusikfest in Salzburg; Leiter der Arbeiter-Symphonie-Konzerte in Wien; Dirigent der «Freien Typographia» in Wien

1923   Gastkonzert unter Weberns Leitung in Berlin; Chormeister des Wiener Arbeiter-Singvereins der Sozialdemokratischen Bildungsstelle; Schönberg eröffnet seinen Schülern die Zwölftonmethode

1924   Uraufführung der *Bagatellen* op. 9 und der *Trakl-Lieder* op. 14 in Donaueschingen; Großer Musikpreis der Stadt Wien

1925   Lehrer am Wiener Jüdischen Blindeninstitut

1926   Webern scheidet beim Mödlinger Männergesangverein aus; Bekanntschaft mit dem Ehepaar Jone-Humplik

1927   Dirigent des österreichischen Rundfunks

1928   Komposition der *Symphonie* op. 21; Webern erkrankt an Magengeschwüren; Kompositionsauftrag der «League of Composers»

1929	Konzerte in Frankfurt und London unter Weberns Mitwirkung
1930	Fachberater, Lektor und Zensor am Wiener Rundfunk
1931	Konzerte in London; Musikpreis der Gemeinde Wien
1932	Konzerte in London und Barcelona; Übersiedlung nach Wien, von dort nach Maria-Enzersdorf
1933	Konzert in London; Feier zum 50. Geburtstag in Wien
1934	Dollfuß-Putsch; Verbot der Sozialdemokratischen Partei, Webern verliert seine Ämter in der Kunststelle
1935	Konzert in London; Tod Alban Bergs
1936	Webern legt sein Dirigat beim IGNM-Fest in Barcelona nieder; Konzert in Winterthur mit Webern als Dirigent
1938	Kompositionsauftrag von Elizabeth Sprague Coolidge für ein Streichquartett; Uraufführung der Kantate *Das Augenlicht* in London
1940	Reise in die Schweiz
1943	Letzte Auslandsreise in die Schweiz; Webern wird 60 Jahre alt
1945	Peter Webern stirbt am 11. Februar; das Ehepaar Webern flieht nach Mittersill; Anton Webern wird am 15. September von einem amerikanischen Besatzungssoldaten erschossen

ZEUGNISSE

*Die folgenden Stellungnahmen zeitgenössischer Komponisten
sind das Ergebnis einer Anfrage des Autors.*

IANNIS XENAKIS (geb. 1922)

Generell empfinde ich Webern als ziemlich schwerfällig und ohne große musikalische Imagination, verglichen zum Beispiel mit Schönberg oder Berg oder, in einem weitergefaßten Sinn, mit Varèse oder sogar mit dem Strawinsky des «Sacre du printemps». Theoretisch dominiert Schönberg völlig zu Beginn des 20. Jahrhunderts und überragt nach dem Zweiten Weltkrieg sogar Verstand und Ästhetik vieler Musiker der jüngeren Generation. Da ich mich außerhalb der seriellen Musik bewege, bin ich froh, dies erklären zu können.

GOTTFRIED MICHAEL KOENIG (geb. 1926)

Ich hege große Bewunderung für das Werk Anton Weberns, das der Komponistengeneration, die nach 1945 zu arbeiten begann, die Augen für eine mögliche Weiterentwicklung der musikalischen Sprache nach Arnold Schönberg geöffnet hat. Mein Interesse an der seriellen Musik hat mich jedoch über elektronische und Computermusik zu Fragen der Programmierbarkeit und damit der musikalischen Grammatik geführt. Ich bin sicher, daß die weitere Forschung auf diesen Gebieten das Verständnis Weberns um eine Dimension erweitern wird, die vom Publikumserfolg, dessen sein Werk sich inzwischen erfreut, noch nicht erschlossen ist.

HANS OTTE (geb. 1926)

Webern macht die Schande des so gegen- wie widerwärtigen Musikbetriebs offenbar. Seine Werke, die für den Konzertsaal gedacht sind und heute fast nur noch im Rundfunk zu hören sind, finden ihrer besonderen Art wegen oder aber auch aus barer, anhaltender Unkenntnis noch heute nicht den Weg in die musikalische Öffentlichkeit.

So bleibt seine Musik der – neuesten gleich – nach wie vor eine Herausforderung an alle Musiker und Veranstalter, über die Funktion ihres Berufes stündlich und gründlich nachzudenken.

Mauricio Kagel (geb. 1931)

Das Werk Anton Weberns bedeutet für mich als Komponist nicht mehr als das Œuvre anderer Großen: gute Musik. Den Kult um Webern habe ich nie gemocht, wie ich jegliche Mystifizierung auch außerhalb der Kunst ablehne. Bereits in Argentinien, als ich meine ersten selbständigen Töne niederschrieb, führte ich lange Streitgespräche mit jungen Komponisten, die nach der Entdeckung Weberns völlig seinem Zauber erlagen. Der Instinkt sagte mir damals, daß die mühsame Synthese seiner Musik, die er nach einem ganzen Leben erreichte, nicht das Richtige für einen Siebzehnjährigen war, der ein Vorbild suchte. Und tatsächlich: nicht wenige dieser Kollegen gaben im Laufe der Jahre das Komponieren auf. Die Töne Weberns, die fast immer am Rande des Schweigens erklingen, brachten meine Freunde frühzeitig zum Verstummen.

Roland Kayn (geb. 1933)

Weberns Zeitkunst war sicher nicht die Anschlußstelle für die ab 1951 beginnende erste Phase der Elektronischen Musik. Sein Œuvre präsentierte sich damals wie heute als ein in sich abgeschlossenes System. Ihm fiel die Rolle zu, zwischen Spätromantik und überhitztem Expressionismus gleichsam wie ein Filter mit engem Durchlaßbereich zu wirken.

Weberns Strukturierungen blieben selbst bei fortgeschrittensten Reihenmanipulationen eine auf Gestalten ausgerichtete Thematisierung des Materials. Dies führte – die atonale Periode sei hier ausgeklammert – zur Versteinerung im Denken von Musik. Die Schönberg-Schule erkannte nicht die Zeichen der Zeit: Maxwell, de Broglie, Birkhof. Das Schönbergsche Prinzip der «Komposition mit zwölf nur aufeinander bezogenen Tönen» sicherte nicht die Vorherrschaft der europäischen Musik für die nächsten hundert Jahre, wie dessen Erfinder 1922 postulierte. Dagegen Amerika: Cage, Varèse, Ives. Später nicht die Serialisten: Boulez, Nono, Stockhausen. Vielmehr Brown, Evangelisti, Xenakis. Hauer erahnte vielleicht 1924 mit seinen in der Tropentafel festgelegten 479 001 600 Melosfällen das Computerzeitalter. Musik des 20. Jahrhunderts: – Kybernetische Musik: laßt uns sie produzieren.

Helmut Lachenmann (geb. 1935)

Man liebt (und fürchtet bzw. ignoriert) Webern heute genauso als Klassiker, wie man Bach, Beethoven, Mahler liebt (fürchtet, ignoriert).

Wichtig bzw. sichtbar bei Webern für uns heute: der Sprung heraus aus einer gesellschaftlich verankerten ästhetischen Geborgenheit in einer bestimmten historischen Situation; und zwar ein Sprung n i c h t im rebellischen Widerspruch zur Tradition, sondern als dialektisches Produkt von an die äußerste Grenze entwickelten kompositionstechnischen Mitteln und Denkformen dieser Traditionen selbst.

Hans Zender (geb. 1936)

Ich glaube nicht, daß es richtig ist, Webern als Traditionalisten anzusehen, etwa gegenüber dem «progressiven» Cage. Es scheint mir, daß sich die Progressivität in der Behandlung des musikalischen Materials im gleichen Augenblick qualitativ geändert hat, in dem sie uns – als historischer Prozeß – bewußt geworden ist: wir scheinen uns nicht mehr auf einer geraden, sondern auf einer Kreisbahn zu bewegen, auf der wir in zunehmendem Tempo immer die gleichen extremen Positionen streifen. Die Bedeutung Weberns scheint mir darin zu liegen, zum erstenmal einen der beiden «Pole» erreicht zu haben, zwischen denen sich heute unser Erleben bewegt: den der äußersten Introversion ...

Hans-Joachim Hespos (geb. 1938)

in anton webern verehre ich einen lehrmeister. für mich bleiben jene seiner werke außerordentlich wichtig, die abseits von struktureller verspanntheit des messens und zählens in der dimension des nahezu «unfaßlichen» eine neue faszination klanglicher erscheinungen offenbaren: «l'image» des klingens und des schweigens –

Tilo Medek (geb. 1940)

Meine Webern-Prägung läßt sich sowohl auf ein Stück als auch auf ein konkretes Aufführungsdatum rückführen: am Dienstag, 16. Juli 1957, hörte ich – als siebzehnjähriger Oberschüler aus Jena angereist – in der Darmstädter Stadthalle «Das Augenlicht» ... Seither fasziniert mich die Musiksprache Anton Weberns, aber weniger als direkte Anregung für meine kompositorische Arbeit, als vielmehr durch die Geschlossenheit des Gesamtwerks. Zeigt sie doch, daß er unbeirrbar seinen Weg zu gehen die Kraft besaß – offenbar das Geheimnis künstlerischen Erfolgs.

WERKVERZEICHNIS

op. 1 Passacaglia für Orchester (1908)

op. 2 Entflieht auf leichten Kähnen, für gemischten Chor a cappella (1908)

op. 3 Fünf Lieder (aus «Der siebente Ring» von Stefan George) für mittlere Stimme und Klavier (1907/08)

op. 4 Fünf Lieder für hohe Stimme und Klavier (Stefan George) (1908/09)

op. 5 Fünf Sätze für Streichquartett (1909)

op. 6 Sechs Stücke für Orchester (1910)

op. 7 Vier Stücke für Geige und Klavier (1910)

op. 8 Zwei Lieder (Rainer Maria Rilke) für Gesang, Klarinette (auch Baßklarinette), Horn, Trompete, Celesta, Harfe, Geige, Bratsche und Violoncello (1910)

op. 9 Sechs Bagatellen für Streichquartett (1913)

op. 10 Fünf Stücke für Orchester (1911–13)

op. 11 Drei kleine Stücke für Violoncello und Klavier (1914)

op. 12 Vier Lieder für hohe Stimme und Klavier (1915–17)

op. 13 Vier Lieder für Sopran und Orchester (1914–18)

op. 14 Sechs Lieder (Georg Trakl) für hohe Stimme, Klarinette, Baßklarinette, Geige und Violoncello (1917–21)

op. 15 Fünf geistliche Lieder für hohe Stimme, Flöte, Klarinette (auch Baßklarinette), Trompete, Harfe und Geige (auch Viola) (1917–22)

op. 16 Fünf Canons auf lateinische Texte für hohen Sopran, Klarinette und Baßklarinette (1923/24)

op. 17 Drei Volkstexte für Gesang, Geige (auch Bratsche), Klarinette und Baßklarinette (1924)

op. 18 Drei Lieder für Gesang, Es-Klarinette und Gitarre (1925)

op. 19 Zwei Lieder (Johann Wolfgang von Goethe) für gemischten Chor, Celesta, Gitarre, Geige, Klarinette und Baßklarinette (1926)

op. 20 Streichtrio (1927)

op. 21 Symphonie für Klarinette, Baßklarinette, zwei Hörner, Harfe, zwei Geigen, Bratsche und Violoncello (1928)

op. 22 Quartett für Geige, Klarinette, Tenorsaxophon und Klavier (1930)

op. 23 Drei Gesänge (aus «Viae inviae» von Hildegard Jone) für Gesang und Klavier (1934)

op. 24 Konzert für Flöte, Oboe, Klarinette, Horn, Trompete, Posaune, Geige, Bratsche und Klavier (1934)

op. 25 Drei Lieder (Hildegard Jone) für hohe Stimme und Klavier (1934/35)

op. 26 Das Augenlicht für gemischten Chor und Orchester (1935)

op. 27 Variationen für Klavier (1936)

op. 28 Streichquartett (1938)

op. 29 Erste Kantate für Sopran-Solo, gemischten Chor und Orchester (1938/39)

op. 30 Variationen für Orchester (1940)

op. 31 Zweite Kantate für Sopran- und Baß-Solo, gemischten Chor und Orchester (1941–43)

Ohne Opuszahl (Auswahl)

Quintett für Klavier und Streichquartett (1906)

Im Sommerwind, für großes Orchester (1904)

Fünf Orchesterstücke (1910–13)
Orchesterlieder (1903, 1913, 1914, 1919)
Langsamer Satz für Streichquartett (1905)
Streichquartett (1905)
Satz für Streichtrio (1925)
Sonata für Violoncello und Klavier (1914)
Kinderstück für Klavier (1924)
Sonatensatz für Klavier (1906)
Drei Lieder für Gesang und Klavier (Avenarius, Dehmel, Falke) (1899–1903)
Zwei Lieder für Gesang und Klavier (Avenarius) (1900/01)
Drei Lieder für Gesang und Klavier (Avenarius) (1903/04)
Acht frühe Lieder (Dehmel, Goethe, Greif, Weigand, Nietzsche, Claudius, Lilien-
cron) (1901–04)
Fünf Lieder für Gesang und Klavier (Dehmel) (1906–08)
Vier Lieder für Gesang und Klavier (George) (1908/09)

BEARBEITUNGEN
Ricercar a 6 voci aus Bachs «Musikalischem Opfer», für Orchester (1935)
Deutsche Tänze von Franz Schubert, für Orchester
Romanze aus Schuberts «Rosamunde», für Gesang und Orchester
Ihr Bild (Schubert), für Gesang und Orchester
Der Wegweiser (Schubert), für Gesang und Orchester
Du bist die Ruh' (Schubert), für Gesang und Orchester
Thränenregen (Schubert), für Gesang und Orchester
Der Knabe und das Immelein (Hugo Wolf), für Gesang und Orchester
Denk es, o Seele! (Hugo Wolf), für Gesang und Orchester
Lebe wohl (Hugo Wolf), für Gesang und Orchester
Drei Sätze aus Schuberts Klaviersonaten op. 42, 122 und 147, für Orchester
Sechs Orchesterlieder op. 8 von Arnold Schönberg, für Gesang und Klavier
Kammersymphonie op. 9 von Arnold Schönberg, für Flöte (oder zweite Violine),
Klarinette (oder Bratsche), Violine, Violoncello und Klavier
Friede auf Erden, Chor a cappella, von Arnold Schönberg, für Chor und Orchester
Fünf Orchesterstücke op. 16 von Arnold Schönberg, für zwei Klaviere
Gurrelieder von Arnold Schönberg, für vier Pianisten an zwei Klavieren (Vor-
spiel)
Fünf Sätze für Streichquartett op. 5, für Streichorchester

Das schmale Werk Anton Weberns liegt derzeit nicht vollständig auf Schallplatte vor. Robert Crafts Gesamtaufnahme vom Ende der fünfziger Jahre, bei Erscheinen hochgepriesen, bleibt eine Pioniertat, da sie die Musik erstmals vollständig verfügbar machte. Die hier vorgelegten Interpretationen sind zum Teil durch neue Erkenntnisse in der Aufführungsgeschichte Webernscher Musik inzwischen überholt. Außerdem ist die Kassette schon seit Jahren nicht mehr greifbar. Wie die Firma CBS mitteilt, bereitet Pierre Boulez eine Neueinspielung vor. Ob sie alle 31 Opera und vielleicht auch einiges Unveröffentlichte enthalten wird, muß abgewartet werden. Nicht zu überbieten ist die Aufnahme aller Streichquartette, eingeschlossen das Streichquartett von 1905, durch das LaSalle-Quartett (Deutsche Grammophon), das sich allerdings geweigert hat, den Langsamen Satz von 1905 zu berücksichtigen. Diesen hat das Quartetto Italiano bei seiner nicht in gleichem Maße überzeugenden Gesamteinspielung (Philips) einbezogen. Eine andere größere Werkgruppe Weberns enthält die Kassette «Die neue Wiener Schule» (EMI-Electrola), und zwar die Klavierlieder op. 3, 4, 12, 23 und 25, die Violin- und Cellostücke op. 7 und 11, die Orchesterstücke op. 10, das Trio op. 20 und den postumen Triosatz (Trio à Cordes Français) und die erste Kantate op. 29. Mehrfach eingespielt wurden die Klaviervariationen (Goebels, Musicaphon; Helffer, Concert Hall; Bucquet, Philips) und gelegentlich mit einigen der nachgelassenen Einzelsätze wie dem Kinderstück gekoppelt. Den Chorkanon op. 2 und die Lieder op. 19 hat Clytus Gottwald mit der Schola Cantorum aufgenommen (Wergo), die Cellostücke Siegfried Palm auf einer Sammelplatte (ebenfalls Wergo). Von Dietrich Fischer-Dieskau liegt eine Sammelplatte «Lieder der neuen Wiener Schule» (Deutsche Grammophon) vor, auf der neben insgesamt fünf Nummern aus den George-Zyklen op. 3 und 4 auch vier frühe Lieder enthalten sind. Die Fünf Canons op. 16 und die Drei Volkstexte op. 17 sind, unter Leitung von Oskar Gottlieb Blarr, von Schwann veröffentlicht worden. Weitere Einzel-Editionen, zum Teil nur im amerikanischen Katalog enthalten, betreffen die Orchesterstücke op. 6 mit Hans Rosbaud und Volker Wangenheim, die Orchesterstücke op. 10 mit Antal Dorati, Gilbert Amy und Pierre Boulez, die Idylle «Im Sommerwind» und drei der nachgelassenen Orchesterstücke mit Eugene Ormandy, die erste Kantate mit Günter Wand. Die Kassette «Neue Wiener Schule» mit Herbert von Karajan (Deutsche Grammophon) enthält neben Kompositionen Schönbergs und Bergs Weberns Orchesterstücke op. 6, die orchestrierten Fünf Sätze op. 5, die Passacaglia op. 1 und die Symphonie op. 21.

BIBLIOGRAPHIE

Eine kritische Gesamtausgabe der Werke Anton Weberns existiert nicht. Eine Bibliographie des Schrifttums zu Webern liegt ebenfalls nicht vor. Recht umfangreich (auf dem Stand von 1961!) ist das Literaturverzeichnis in WALTER KOLNEDER: «Anton Webern». Rodenkirchen 1961. S. 184–192. Die vorhandenen Werkverzeichnisse differieren in Detail-Angaben. Als zuverlässig darf, vor allem auch hinsichtlich der Kompositionen ohne Opuszahlen, die Zusammenstellung von HANS MOLDENHAUER in: «Perspectives». Hg. von DEMAR IRVINE. Seattle–London 1966. S. 183–191 gelten.

1. Quellen und Dokumente

Bekenntnis zu Arnold Schönberg. In: Arnold Schönberg. München 1912
Zum 50. Geburtstag Arnold Schönbergs. In: Arnold Schönberg zum 50. Geburtstage. [Sonderheft:] Musikblätter des Anbruch. Wien 1924
Briefe an Hildegard Jone und Josef Humplik. Wien 1959
Der Weg zur neuen Musik. Wien 1960
Perspectives. Zusammengestellt von HANS MOLDENHAUER, hg. von DEMAR IRVINE. Seattle–London 1966

Briefwechsel Alban Berg und Anton Webern (unveröffentlicht)

Anton Webern zum 50. Geburtstag. In: 23, Jg. 2/1934, Nr. 14
REICH, WILLI: Aus unbekannten Briefen von Alban Berg an Anton Webern. In: Schweizerische Musikzeitung, Jg. 93/1953, Nr. 2
SCHÖNBERG, ARNOLD: Briefe. Hg. von ERWIN STEIN. Mainz 1958
REICH, WILLI (Hg.): Anton Webern. Weg und Gestalt. Zürich 1961
BERG, ALBAN: Briefe an seine Frau. München–Wien 1965
REICH, WILLI: Briefe aus Weberns letzten Lebensjahren. In: Österreichische Musikzeitschrift 8 (1965)

2. Schriften über Anton Webern

a) Gesamtdarstellungen

Anton Webern. In: Die Reihe 2. Wien 1955
Anton von Webern. In: Österreichische Musikzeitschrift, Jg. 27/1972, Nr. 3
[Webern-Kongreß] In: Beiträge '72/73 der Österreichischen Gesellschaft für Musik. Kassel 1973

DÖHL, FRIEDHELM: Weberns Beitrag zur Stilwende der Neuen Musik. [Diss.] Göttingen 1966
KOLNEDER, WALTER: Anton Webern. Einführung in Werk und Stil. Rodenkirchen 1961
PAULI, HANSJÖRG: Webern oder Ein Leben für die Kunst. Fernsehfilm. Köln 1974
REDLICH, HANS FERDINAND: Anton (von) Webern. In: Musik in Geschichte und Gegenwart Bd. 14. Kassel 1968

Rufer, Josef: Anton (von) Webern. In: Riemann Musik Lexikon. 12. Aufl. Mainz 1961. Bd. 2, S. 898–899

Stuckenschmidt, Hans Heinz: Anton von Webern. In: Stuckenschmidt, Schöpfer der Neuen Musik. München 1962
Anton von Webern. In: Die großen Komponisten unseres Jahrhunderts. München 1971

Wildgans, Friedrich: Anton Webern. Tübingen 1967

b) Zur Biographie und Untersuchungen

Adorno, Theodor W.: Anton von Webern. In: Adorno, Klangfiguren. Frankfurt a. M. 1969 – Wiederabdruck in: Adorno, Nervenpunkte der Neuen Musik. Reinbek 1969 (= rowohlts deutsche enzyklopädie. 333)
Anton von Webern. In: Adorno, Impromptus. Frankfurt a. M. 1968

Baruch, Gerth-Wolfgang: Anton von Webern. In: Melos 12 (1953)
Beale, James: Weberns musikalischer Nachlaß. In: Melos 10 (1964)
Beckmann, Dorothea: Sprache und Musik im Vokalwerk Anton Weberns. Regensburg 1970
Bresgen, Cesar: Anton Webern in Mittersill. In: Österreichische Musikzeitschrift 5 (1961)
Burde, Wolfgang: Anton von Weberns instrumentale Miniaturen. In: Neue Zeitschrift für Musik 6 (1971)
Cappelli, Ida: Webern rückt in die erste Reihe auf. In: Melos 12 (1962)
Castiglioni, Niccolò: Sul rapporto tra parola e musica nella II Cantata di Webern. In: Incontri Musicali 3 (1959)
Claycombe, Gordon: Personal recollections of Webern in Vienna 1929–1934. In: Beiträge '72/73 der Österreichischen Gesellschaft für Musik. Kassel 1973
Dahlhaus, Carl: Webern heute. In: Neue Zeitschrift für Musik 5 (1972)
Dallapiccola, Luigi: Begegnung mit Anton Webern. In: Melos 4 (1965)
Deutsch-Dorian, Frederick: Webern als Lehrer. In: Melos 4 (1960)
Dimov, Bochidar: Webern und die Tradition. In: Österreichische Musikzeitschrift 8 (1965)
Döhl, Friedhelm: Weberns Opus 27. In: Melos 12 (1963)
Die Welt der Dichtung in Weberns Musik. In: Melos 3 (1964)
Fortner, Wolfgang: Anton Webern und unsere Zeit. In: Heinrich Lindlar (Hg.), Wolfgang Fortner. Rodenkirchen 1960
Gerlach, Reinhard: Die Dehmel-Lieder von Anton Webern. In: Jahrbuch des Staatlichen Instituts für Musikforschung. Preußischer Kulturbesitz. Berlin 1971
Goebel, Walter F.: Anton Weberns Sinfonie. In: Melos 11 (1961)
Häusler, Josef: Anton Webern. In: Musik im 20. Jahrhundert. Bremen 1969
Hupfer, Konrad: Webern greift in die Reihenmechanik ein. In: Melos 9 (1967)
Karkoschka, Erhard: Zur Entwicklung der Kompositionstechnik im Frühwerk Anton Weberns. [Diss.] Tübingen 1959
Kraus, Gottfried: Weberns Nachlaß in den USA. In: Österreichische Musikzeitschrift 11 (1961)
Křenek, Ernst: Anton Weberns Skizzenbücher. In: Musica 2 (1970)
Ligeti, György: Über die Harmonik in Weberns erster Kantate. In: Darmstädter Beiträge zur Neuen Musik III. Mainz 1960
Die Kompositionen mit Reihen und ihre Konsequenzen bei Anton Webern.

In: Österreichische Musikzeitschrift 6/7 (1961)

Weberns Melodik. In: Melos 4 (1966)

METZGER, HEINZ KLAUS: Über Anton Weberns Streichquartett 1905. [Funkmanuskript Hessischer Rundfunk] 1972

Geistliche Aspekte der Webernschen Musik. [Funkmanuskript Hessischer Rundfunk] 1972

MOLDENHAUER, HANS: Das Webern-Archiv in Amerika. In: Österreichische Musikzeitschrift 8 (1965)

Der Tod Anton von Weberns. Wiesbaden 1970

Weberns letzte Gedanken. In: Melos 7/8 (1971)

Anton von Webern. Neue Sichten. In: Österreichische Musikzeitschrift 3 (1972)

PAULI, HANSJÖRG: Hat das Werk Anton Weberns eine aktuelle Bedeutung? Komponisten antworten. [Funkmanuskript Hessischer Rundfunk] 1971

Webern, revisited. Ein Portrait aus Distanz. [Funkmanuskript Hessischer Rundfunk] 1973

POLNAUER, JOSEF: Paralipomena zu Berg und Webern. In: Österreichische Musikzeitschrift 5/6 (1969)

RAUCHHAUPT, URSULA VON (Hg.): Die Streichquartette der Wiener Schule. Schoenberg, Berg, Webern. Eine Dokumentation. Hamburg 1971

REICH, WILLI: Webern auf Schallplatten. In: Schweizerische Musikzeitung 5 (1960)

Ein verschollener Webern-Text. In: Melos 1 (1969)

RINGGER, ROLF URS: Sprach-musikalische Chiffren in Anton Weberns Klavierliedern. In: Schweizerische Musikzeitung 1 (1966)

Reihenelemente in Anton Weberns Klavierliedern. In: Schweizerische Musikzeitung 3 (1967)

SCHNEBEL, DIETER: Konzept über Webern. In: SCHNEBEL, Denkbare Musik. Köln 1972

Variationen bei Schönberg und Webern. In: SCHNEBEL, Denkbare Musik. Köln 1972

SCHÖNY, HEINZ: Von den Vorfahren Anton Weberns. In: Österreichische Musikzeitschrift 3 (1972)

STADLEN, PETER: Die Webern-Legende. In: Musica 1961

STEPHAN, RUDOLF: Anton von Webern. In: Deutsche Universitäts-Zeitung 13/14 (1956)

Weberns Werke auf deutschen Tonkünstlerfesten. In: Österreichische Musikzeitschrift 3 (1972)

STOCKHAUSEN, KARLHEINZ: Weberns Konzert für neun Instrumente op. 24. In: STOCKHAUSEN, Texte zur elektronischen und instrumentalen Musik Bd. 1. Köln 1963

Von Webern zu Debussy. In: STOCKHAUSEN, Texte zur elektronischen und instrumentalen Musik Bd. 1. Köln 1963

STROBEL, HEINRICH: So sehe ich Webern. In: Melos 9 (1965)

STROH, WOLFGANG MARTIN: Über die Bedeutung von Weberns Kompositionsskizzen. In: Neue Zeitschrift für Musik 9 (1970)

Anton Webern. Historische Legitimation als kompositorisches Problem. Göttingen 1973

WALLER, AMALIE: Mein Vater Anton von Webern. In: Österreichische Musikzeitschrift 6/7 (1968)

WILDGANS, FRIEDRICH: Anton von Webern. In: Österreichische Musikzeitschrift 11 (1958)

Gustav Mahler und Anton von Webern. In: Österreichische Musikzeitschrift 6 (1960)

3. Biographien und Literatur zur Neuen Musik

ADORNO, THEODOR W.: Dissonanzen. Göttingen 1956
  Philosophie der neuen Musik. Frankfurt a. M. 1958
  Klangfiguren. Berlin 1959
  Der getreue Korrepetitor. Frankfurt a. M. 1963
  Nervenpunkte der Neuen Musik. (Ausgewählt aus «Klangfiguren».) Reinbek 1969 (= rowohlts deutsche enzyklopädie. 333)
BOULEZ, PIERRE: Werkstatt-Texte. Frankfurt a. M.–Berlin 1972
CERHA, FRIEDRICH: Die Wiener Schule und die Gegenwart. In: Österreichische Musikzeitschrift 6/7 (1961)
COLLAER, PAUL: Geschichte der modernen Musik. Stuttgart 1963
DAHLHAUS, CARL: Über Sinn und Sinnlosigkeit in der Musik. In: DAHLHAUS, Die Musik der sechziger Jahre, Mainz 1972
DAHLHAUS, CARL, und RUDOLF STEPHAN: Eine «dritte Epoche» der Musik? In: Deutsche Universitäts-Zeitung 9 (1955)
DIBELIUS, ULRICH: Moderne Musik 1945–65. München 1966
EIMERT, HERBERT: Die elektronische Musik. In: Österreichische Musikzeitschrift 6/7 (1961)
ERPF, HERMANN: Vom Wesen der Neuen Musik. Stuttgart 1949
FREITAG, EBERHARD: Arnold Schönberg. Reinbek 1973 (= rowohlts monographien. 202)
KIRCHMEYER, HELMUT, und HUGO WOLFRAM SCHMIDT: Aufbruch der jungen Musik. Von Webern bis Stockhausen. Köln 1970
KŘENEK, ERNST: Neue Musik auf Schallplatten. In: Melos 10 (1958)
LEIBOWITZ, RENÉ: Schoenberg et son école. Paris 1947
MAHLER, ALMA MARIA: Mein Leben. Frankfurt a. M.–Hamburg 1963 (= Fischer-Bücherei. 545)
MERSMANN, HANS: Moderne Musik. Potsdam 1928
  Deutsche Musik des XX. Jahrhunderts im Spiegel des Weltgeschehens. Rodenkirchen 1958
METZGER, HEINZ KLAUS: Intermezzo I. Das Altern der Philosophie der Neuen Musik. Wien 1964 (= die reihe. 4)
REDLICH, HANS FERDINAND: Alban Berg. Versuch einer Würdigung. Wien–Zürich–London 1957
REICH, WILLI: Der Blaue Reiter und die Musik. In: Schweizerische Musikzeitung, Jg. 85/1945, Nr. 8/9
RIEPLE, MAX: Musik in Donaueschingen. Konstanz 1959
RINGGER, ROLF URS: Orchesterstücke des Expressionismus. In: Neue Zeitschrift für Musik 10 (1968)
ROHWER, JENS: Neueste Musik. Stuttgart 1964
SCHERLIESS, VOLKER: Alban Berg. Reinbek 1975 (= rowohlts monographien. 225)
SCHOLLUM, ROBERT: Die Wiener Schule. Entwicklung und Ergebnis. Wien 1969
SCHREIBER, WOLFGANG: Gustav Mahler. Reinbek 1971 (= rowohlts monographien. 181)

STADLEN, PETER: Kritik am Seriellen. In: Musica 1959
STRAWINSKY, IGOR: Gespräche mit Robert Craft. Zürich 1961
STROBEL, HEINRICH: Die Wiener Schule. In: Melos 11 (1963)
STUCKENSCHMIDT, HANS HEINZ: Neue Musik. Berlin 1951
    Musik des 20. Jahrhunderts. München 1969
    Was ist musikalischer Expressionismus? In: Melos 1 (1969)
    Schönberg. Leben, Umwelt, Werk. Zürich–Freiburg i. B. 1974
VOGT, HANS: Neue Musik. Stuttgart 1972
WELLESZ, EGON: Begegnung in Wien. In: Melos 1 (1966)
WÖRNER, KARL H.: Neue Musik in der Entscheidung. 2. Aufl. Mainz 1956
ZILLIG, WINFRIED: Variationen über neue Musik. München 1959

NAMENREGISTER

Die kursiv gesetzten Zahlen bezeichnen die Abbildungen

ÜBER DEN AUTOR

HANSPETER KRELLMANN, geboren am 11. Januar 1935 in Würzburg. Schulzeit in Eckernförde, Musikstudium in Düsseldorf (Robert-Schumann-Konservatorium), Universitätsstudium in Köln (Musikwissenschaft, Theatergeschichte, Alte Geschichte). Promotion zum Dr. phil. Zeitungs-Redakteur, Leiter einer Kulturorganisation, jetzt freier Musikschriftsteller und -kritiker. Buchveröffentlichungen und -beiträge, Herausgeber von Urtextausgaben einiger Kammermusikwerke von Brahms.

QUELLENNACHWEIS DER ABBILDUNGEN

rowohlts mono-graphien

in Selbstzeugnissen
und Bilddokumenten
Herausgegeben von
Kurt Kusenberg

bildmono rororo graphien